品类创新

从乡镇小厂到明星车企的突围解密

温雅卿○著　　陈　润○主编

团结出版社

图书在版编目（CIP）数据

品类创新：从乡镇小厂到明星车企的突围解密 / 温雅卿著 . —— 北京：团结出版社，2023.5

ISBN 978-7-5234-0167-5

Ⅰ . ①品… Ⅱ . ①温… Ⅲ . ①营销战略 Ⅳ . ① F713.50

中国国家版本馆 CIP 数据核字 (2023) 第 085685 号

出　　版：团结出版社

　　　　　（北京市东城区东皇城根南街84号　邮编：100006）

电　　话：（010）65228880　65244790

网　　址：http://www.tjpress.com

E-mail：zb65244790@vip.163.com

经　　销：全国新华书店

印　　装：三河市龙大印装有限公司

开　　本：145mm×210mm　　32开

印　　张：8

字　　数：220千字

版　　次：2023年10月第1版

印　　次：2023年10月第1次印刷

书　　号：978-7-5234-0167-5

定　　价：59.00元

为标杆企业立传塑魂

在我们一生中，总会遇到那么一个人，用自己的智慧之光、精神之光，点亮我们的人生之路。

我从事企业传记写作、出版15年，采访过几百位企业家，每次访谈我通常会问两个问题："你受谁的影响最大？哪本书令你受益匪浅？"

绝大多数企业家给出的答案，都是某个著名企业家或企业传记作品令他终身受益，改变命运。

商业改变世界，传记启迪人生。可以说，企业家都深受前辈企业家传记的影响，他们以偶像为标杆，完成自我认知、自我突破、自我进化，在对标中寻找坐标，在蜕变中加速成长。

人们常说，选择比努力更重要，而选择正确与否取决于认知。决定人生命运的关键选择就那么几次，大多数人不具备做出关键抉择的正确认知，然后要花很多年为当初的错误决定买单。对于创业者、管理者来说，阅读成功企业家传记是形成方法论、构建学习力、完成认知跃迁的最佳捷径，越早越好。

无论个人还是企业，不同的个体、组织有不同的基因和命运。对于个人来说，要有思想、灵魂，才能活得明白，获得成功。对于企业而言，要有愿景、使命、价值观，才能做大做强，基业长青。

世间万物，皆有"灵魂"。每个企业诞生时都有初心和梦想，但发展壮大以后就容易被忽视。

企业的灵魂人物是创始人，他给企业创造的最大财富是企业家精神。

管理的核心是管理愿景、使命、价值观，我们通常概括为企业文化。

有远见的企业家重视"灵魂"，其中效率最高、成本最低的方式是写作企业家传记和企业史。企业家传记可以重塑企业家精神，企业史可以提炼企业文化。以史为鉴，回顾和总结历史，是为了创造新的历史。

"立德、立功、立言"，这是儒家追求，也是人生大道。

在过去10余年间，我所创办的润商文化秉承"以史明道，以道润商"的使命，汇聚一大批专家学者、财经作家、媒体精英，专注于企业传记定制出版和传播服务，为标杆企业立传塑魂。我们为华润、招商局、通用技术、美的、阿里巴巴、用友、卓尔、光威等数十家著名企业提供企业史、企业家传记的创作与出版定制服务。我们还策划出版了全球商业史系列、世界财富家族系列、中国著名企业家传记系列等100多部具有影响力的图书作品，畅销中国（含港澳台地区）及日本、韩国等海外市场，堪称最了解中国本土企业实践和理论体系、精神文化的知识服务机构之一。

出于重塑企业家精神、构建商业文明的专业精神和时代使命，2019年初，润商文化与团结出版社、曙光书阁强强联手，共同启动中国标杆企业和优秀企业家的学术研究和出版工程。三年来，为了持续打造高标准、高品质的精品图书，我们邀请业内知名财经作家组建创作团队，进行专题研究和写作，陆续出版了任正非、段永平、马云、雷军、董明珠、王兴、王卫、杜国楹等著名企业家的20多部传记、经管类图书，面世以后深受读者欢迎，一版再版。

2023 年，我们将继续推出一大批代表新技术、新产业、新业态和新模式的标杆企业的传记作品，通过对创业、发展与转型路径的叙述、梳理与总结，为读者拆解企业家的成事密码，提供精神养分与奋斗能量。当然，我们还会聚焦更多优秀企业家，为企业家立言，为企业立命，为中国商业立标杆。

一直以来，我们致力于为有思想的企业提升价值，为有价值的企业传播思想。作为中国商业观察者、记录者、传播者，我们将聚焦于更多标杆企业、行业龙头、区域领导品牌、高成长型创新公司等有价值的企业，重塑企业家精神，传播企业品牌价值，推动中国商业进步。

通过对标杆企业和优秀企业家的研究创作和出版工程，我们意在为更多企业家、创业者、管理者提供前行的智慧和力量，为读者在喧嚣浮华的时代打开一扇希望之窗：

在这个美好时代，每个人都可以通过奋斗和努力，成为想成为的那个自己。

企业史作家、企业家传记策划人、主编

2023 年 8 月 8 日

推 荐 序

把成功与失败进行淋漓尽致的总结

在总结任正非成功经验的时候，人们发现了这四句话：行万里路，读万卷书，与万人谈，做一件事。所谓的"与万人谈"，就是任正非阅读大量世界上成功企业的发展历史的书籍。他一有机会就与这些公司的董事长、总经理当面进行交流请教，并把这些成功的经验用于华为的运营，这就使得华为也成为一个成功的企业。

在过去的十余年间，润商文化长期致力于系统研究中外成功的企业家，汇集了一大批专业人士创作关于成功企业家的传记——著名企业家传记丛书。这是一件非常有意义的事情，这让"与万人谈"成为一件很容易的事。同时，这使得大家都能够从中了解到——这些企业家为什么成功？自己能从中学到什么？

因此，我觉得润商文化的这项工作是功德无量的。这些成功的企业家，就是中国经济史上一个个值得称颂的榜样。

湖北省统计局原副局长

民进中央特约研究员

叶青

2023 年 9 月

长城汽车：以品类创新打造核心竞争力

汽车是20世纪现代化的重要标志，汽车工业是国民经济的战略性、支柱性和基础性的产业，也是世界强国经济腾飞的关键引擎。福特、通用之于美国，奔驰、宝马之于德国，丰田、本田之于日本，西方强国的崛起、复兴无不与汽车名企的发展壮大紧密相关。然而，随着智能化、新能源的时代趋势到来，特别是第四次工业革命——绿色工业革命帷幕拉开，中国汽车正迎来最好的时代：中国新能源汽车产销量已经连续8年全球第一。汽车工业正经历百年未有之大变局，中国处于从"传统车大国"迈向"电动车强国"的关键期，谁将代表中国汽车走向世界、引领未来？

长城汽车(以下简称"长城")无疑是最具典型意义的标杆企业之一。"中国汽车应该也一定会成为中国制造强国战略的重要力量"，长城汽车董事长魏建军的梦想与家国情怀不可分割——让中国的"长城"，成为世界的"长城"。魏建军与长城用30多年时间走完了欧美百年汽车工业史，他们所开创的事业，无论深度还是广度，对行业发展、社会进步、人类文明都产生了重要影响，他们改变了人们享受生活的方式、认知科技的视角、理解世界的维度，其创新、颠覆、进化、崛起的路径为中国企业转型升级、走向全球提供了经典样本。

产品线方面，长城旗下有长城皮卡、哈弗、魏牌、欧拉、坦克、沙龙六大产品线，覆盖了燃油与新能源等中高端领域；研发方面，长城构建了以中国为核心，涵盖亚洲、欧洲、北美的研发布局；生产方面，长城在中国建立了十大整车生产基地，在海外建立了俄罗斯、印度、泰国等全工艺整车工厂和多个KD工厂；销售方面，长城打造了覆盖60多个国家、销售网络超过1000多家的全球化布局。在不同的细分市场，长城都获得了高度认可：长城皮卡连续25年国内销量第一、出口第一，哈弗连续十几年保持中国SUV销量冠军；欧拉以"全球第一个最爱女人的汽车品牌"深受女性喜爱，坦克以"潮玩越野SUV"引领智能越野车潮流……

为什么是长城？它的成功是战略布局的结果，还是时代红利造就的偶然现象？是否存在长城独创的管理智慧与战略密码？为什么"中国为什么出不了马斯克"的话题长盛不衰，却不去追问探寻"中国为什么出了个魏建军"？随着长城品牌家喻户晓、汽车行遍天下，人们迫切期待解答的问题呼之欲出、越来越多。这正是我们策划与创作的初衷，也是探寻研究的方向。

关于长城的成功之道众说纷纭，诸如战略远见、团队培养、变革创新、国际化布局乃至"说干就干、上下同心"的执行力，但最核心的制胜密码，还是品类创新。

魏建军是定位理论的坚定信奉者。受著名战略定位大师、里斯战略定位咨询创始人艾·里斯影响与指导，魏建军对于聚焦战略有着宗教般的信仰，他说："单腿走路，绝对比脚踏几只船风险要小。如果不能在某一领域聚焦，那么中国车企也将像过去的家电、PC和手机制造商一样，在一轮红海竞争后灰飞烟灭，什么都不会留下。"聚焦战略始终是长城的核心战略，"聚焦"二字贯穿长城整个发展历程，特别是2008年金融危机之后，长城逐步聚焦于"打造SUV领导者"，从零起步，不断建立哈弗专注、专业、专家的品牌形象，成为中国SUV领导者，完成了从小到大、由弱到强的蜕变。2017 年，魏建军在第三届定位中国峰会演讲时总结："在长城近十年三次重大抉择中，我们最大的感悟也是最大的收获，就是企业模式决定了成败。聚焦是先进的模式。当别人在品类上都在做加法的时候，长城一直在做减法。"

从营销学的角度看，占领消费者心智是品牌竞争的关键，认知一旦形成就很难改变。经过一百多年发展，汽车产业早已进入品牌时代，魏建军的聚焦战略充分表现为以品类创新实现品牌聚焦，一个品类就是一个品牌，长城不做混合性品牌。魏建军说："用户的消费选择，是以品类来思考、用品牌来表达。所以，长城汽车持续进行品类创新，以品类领先打造品牌，让我们的品牌成为品类的代表，最终实现品牌价值。"

书写历史是为了超越历史，本书旨在立足当下、回眸历史，展望长城与行业未来。这是一部长城的企业发展史，也是魏建军推动长城战略聚焦、品类创新的管理思想史。我们从魏建军临危受命当厂长写起，再从轿车突围、皮卡征程、"SUV"引领中国、哈弗"封神"、"WEY"迈向高端写到"新能源、新未来"，其间穿插上市、并购、国际化等风云激荡的商战大戏，全景再现长城如何用自强不息、坚韧不拔、卓尔不群的精神，向世界讲述中国发展与产业腾飞的故事。长城所代表的中国样本、中国文化，既是源于中国本土的最稀缺、最有代表性的表达，也是放诸全球而皆准的价值观、方法论。

作为长城的领导者、灵魂人物，魏建军的心灵成长、思想进化与企业家精神也是本书叙述的重点之一，他以自身特质、个人魅力与价值观塑造了长城的企业文化，比如胆略、眼光、境界，一眼看透本质的洞察力；认真、坚持、做透、日拱一卒、日益精进；危机意识，"没有危机感才是最大的危机"，长城总部的道路被命名为"风险路""生存路""危机路"；低调务实、静水流深，专注于汽车制造与技术提升……面对新格局、新机遇、新挑战、新生态，长城仍然需要这样的创始人精神以驶往无限宽阔的世界。

最后，希望读者诸君能够从魏建军与长城的创业故事中得到启发，不断聚焦优势、坚持专注，在事上磨、心上修，更好地展现精神品质和才智潜能，成为更好的自己。

目 录

第七章 登陆港股：要资本更要发展

第八章 百亿造车"失败记"

第九章 聚焦 SUV，进军海外

第十章 "WEY"：迈向高端

第一章

乡镇小厂"攒车记"

　　二十世纪七八十年代，"保定造"汽车风靡一时，北方各城市经常能看到它们的身影。这类车有一个显著的特点：整辆车不是一家企业生产，而是靠着两三个甚至更多个企业的零部件组装起来的。长城汽车的前身，早年就是靠着组装车发家的。当时，这种组装车业务被十分形象地称为"攒车"。靠着攒车，早年的长城汽车工业公司活得相当滋润。然而，公司在八十年代末经历的突然变故，又差点让"长城"这个品牌彻底从国内的汽车行业里消失。

攒车业务的前世今生

1956 年 7 月 13 日，解放牌汽车在长春第一汽车制造厂试制成功，我国不能生产汽车的历史自此结束，中国自主造车的汽车产业史序幕也由此拉开。同年，第一批下线的解放牌卡车参加了国庆阅兵式，随后一部分汽车被安排在天安门前展出，让激动的人们充分领略了国产汽车的风采。

筚路蓝缕的开创者总是最艰难的一代。对于国人而言，被誉为"国车"的红旗轿车所代表的不只是一个汽车品牌，还代表着自立自强的精神，更代表着一种情怀，是时代的象征，更是中国汽车工业的一个文化符号。"红旗"犹如一面飘扬在中国汽车产业起步之初的旗帜，象征着中国汽车产业市场化进程的开始，鼓舞了无数投身汽车行业的后辈们，传递了一种无比可贵的强烈的历史责任感和使命感。中国汽车行业从最初的严重依赖外资和外企技术，到立足国内加强自主品牌的研发，直至当下百花齐放的局面，前进的步伐越来越坚定，力量愈发强大。

解放牌汽车和红旗轿车，在中国汽车发展工业史上，留下了鲜明勇敢的身影，为后续汽车产业的发展刻下了独立自主的基因。

如果说新中国的汽车工业心脏在东北，那么它的灵魂某种程度上可以说是在冀中——河北保定。进入 20 世纪以来，各种新技术从国外不断涌入，作为华北重镇的保定，城内也出现了多种新奇的东西，其中就包括了跟汽车相关的零配件。那是在 20 世纪 30 年代中后期，日本发动侵华战争后，保定城内出现了第一批汽车修理及配件工厂。

彼时的中国没有汽车制造技术，就连汽车修理工艺也不具备。而随着战争的深入，日本人在战场上损失的各类军车也越来越多。为此，日本侵略者专门从本国运来汽车零配件，然后又在占领的城市内修建工厂。当时的华北日占区，除了保定设立有修配厂外，北平和太原等城市，日本人同样也在当地修建了汽配厂。从客观的角度看，这些由侵略者当年修建的汽配厂，在抗战胜利后成了我国发展汽车工业的基础。值得一提的是，日本人当年侵略中国，幻想着施行永久的殖民占领，所以修建汽配厂的时候，不但运来了大量的汽车零部件，而且还运来了车床等多种生产设备。

1949 年保定解放后，解放军的冀中汽车修理大队接管了城里的汽配厂，从那之后的一段时间，这些工厂的主要任务还是以修理军车为主。只不过当时新中国一穷二白，不但不会造汽车，就连汽车零配件都相当短缺。汽配厂每次修车，只能拆解不能开的旧车，然后将车里的零配件组装到能用的汽车上。就这样，一边拆解旧车，一边修补坏车，"攒车"的观念意识由此便一点点产生了。

虽然当时还没有造车的能力，不过汽配厂里也集中了一大批经验丰富的员工。新中国成立后，这些懂技术的员工立刻成了"香饽饽"，他们被派到省内甚至全国各地的汽配厂，专门负责教授大家经验。整个五十年代，保定还不会造车，攒车的数量其实也不多，最主要的原因是凑不够零配件。彼时，各汽配工厂的主要任务还是修理，同时也能生产一部分工艺简单的汽车配件。此后随着东北成为了新中国的汽车制造摇篮，保定逐渐成了汽车零配件的供货地。

这样的局面一直持续到 1958 年，随着第一辆货运汽车组装成功，保定从此可以"造"汽车了。只不过这辆货车从变速箱到底盘，从发动机再到车厢，所有的零配件都不是一家企业所制造，而是由多个工厂配套组装的。有了第一次以后，保定人攒车便一发不可收拾。

五十年代末到七十年代初，保定本地路上跑的车，都是攒出来的。一直到 1970 年夏天，试造的轻型货运汽车，让攒车的工艺又更上一个台阶。而且这不光是保定，还是整个河北省第一辆制造出来的汽车。又过了 6 年，保定的汽车厂再次发力，通过攒的形式又造出了越野和客车。

从飞跃牌三轮重载汽车，再到客运和其他车型，造车的进度虽然很缓慢，但还是充分表明了保定人对汽车工业的挚爱。最直观的体现就是，在没有流水线，没有机器车床的条件下，人们就纯手工操作。一辆飞跃牌货运三轮，整车的重量有 1 吨多重，在制造的过程中，锻、焊、铸、冲几个环节，都是人工来完成的。

车间里热火朝天的干劲，和外面公路上行驶的自主生产的汽车相映成趣。人们很难将汽车制造工艺，和纯手工的敲敲打打甚至是手动上漆联系在一起。毕竟起源于欧美的汽车制造工业，还在 20 世纪前期就有了完备的流水线，而保定人还处在"攒车"的水平，方法原始而粗糙，每一寸铁皮和每一个轮胎，都见证了攒的整个过程。

虽然保定的汽车制造在这一时期还处于起步阶段，但攒车形式无疑给了当地人极大的启发。就像手工生产其他产品一样，保定人跃跃欲试，也想加入到汽车制造的行列中来。但在八十年代之前，由于国内的经济体制还未市场化，大多数人还在各种单位里吃大锅饭，个人还参与不到攒车的进程中来。

不过从另外一个角度看，那些还在国营工厂攒车的人，随着技术经验的不断积累，他们都逐渐成为将来个体参与到造车进程中的"种子"，这其中就包括早期长城汽车的创立人。攒车的工艺虽然原始，但同样也需要技术的支撑，何况"攒"的过程中，是由多家企业一起来完成的，所以这里面也体现出了各个企业的通力协作。尤其是后来个体企业逐步参与进来后，单个企业无法生产出全部的零配件，所以就更需要合作了。

八十年代之前，是保定汽车工业的起步阶段，通过攒车这一进程，攒出了技术和流程，重要的是攒出了造车的理念，攒车的前世今生，也成了保定汽车工业发展的基石。

国营到民营的嬗变

长城汽车工业公司，在创立伊始又叫长城汽车制造厂。公司造出来的第一批汽车是"通勤客车"，专供华北油田工人上下班使用。确切来说这批汽车还不是制造，而是装配组装出来的，那是在 1984 年，未来新长城汽车的掌门人魏建军还在大学里读书。

彼时，全保定一年生产出来的汽车不到 700 辆，其中 15% 的汽车还不是原创车，是经过拆旧组装出来的。但即便是以攒车发端，从七十年代末开始，保定的造车工艺还是有了相当大的提升——流水线生产模式出现了。这标志着汽车可以尽可能地集中生产，效率相比于过去的"攒车时代"提高了不少。

流水线生产，原本是福特为了尽可能压榨工人的剩余价值，而绞尽脑汁思考出来的产物。福特当年经常在车间内外观察，有一天他发现工人们生产时，实际上只有双手在不停干活。于是，福特开始考虑如何让每双手的工作效率达到最高。

很快，一种全新的生产方式就出现在了车间。工人在车间干的活似乎变少了，拧螺丝的只负责拧螺丝，上漆的就只管刷漆。然而工人们很快就发现，虽然每个人干的活变少了，但整个造车的流程被拆解开来，每一个生产环节完成后，几乎是分秒之内就进入了下一个环节。工序环环相扣，每个人都没办法偷懒，一旦有谁停下来，整个生产环节也就停止了。

从福特的角度看，流水线生产既提高了工作效率，也能降低甚至抵消雇佣成本。福特的企业采用后，流水线作业模式便在世界各地的造车企业中流传开来。就像卓别林的电影《摩登时代》所表现的那样，工人逐渐和机器融为一体，甚至被机器异化了。然而客观上看，流水线模式确实提高了生产效率，汽车后来能从高端奢侈品变成平民产物，也正是因为流水线作业带来的效率提升。

对国内的车企而言，流水线作业还是新生事物，直到七十年代末才渐渐普及。保定地区汽车制造厂属于国有企业，它和另一家省直属企业胜利客车厂，在当时整个保定是仅有的两家能生产出整车的企业。

汽车制造主要有四大工序：冲压、焊装、涂装、总装。可以整车生产的企业，能最大程度发挥出人工和机器的效率，集中在同一个车间内将汽车生产出来。过程中如果遇到什么问题，由于是在同一车间内生产的，也能够第一时间将问题解决。相比以往的攒车，制造的效率和质量都提升了不少。有了这样的工艺水平，保定制造的汽车，开始在省内外驰骋。不过那时还没有私家车的概念，汽车制造主要还是以客车和货运汽车为主。而且，汽车的订单，基本上也全都集中于两家可以整车生产的国营企业。

其他的小型企业，只能以供应零配件为主。并非其他人不会造车，以往攒车的经历让国营企业里的不少人掌握了大量经验，加上流水线作业模式的出现，有的人已经跃跃欲试，想仿照农业领域的生产责任制来"单干造车"了，但技术之外还有其他因素限制，那便是国家的政策规定。至少在 1980 年以前，国家还不允许个体企业出现，政策上的改变是从1983 年后逐步开始的。

1983 年的中国，百废待兴，正走在复苏的路上。1983 年春，邓小平去苏州视察时，用"异军突起"四个字来形容自己对当地乡镇企业崛起的深刻印象。要知道，在中华人民共和国成立前，我国工业极其落后，农村的工业更是一片空白，除了少数一些仅能称得上是手工业的行当，几乎没有正规的工业。据《中国统计年鉴》资料显示，中华人民共和国成立后，直到 1958 年公社化之后，农村才开始兴办起企业，但绝大多数都是靠无偿抽调生产队的劳动力和物资搞起来的。进入 20 世纪 70 年代后，乡镇企业初步萌生。1978 年党的十一届三中全会以后，乡镇企业才得以迅速发展。也是在这一年，我国第一辆桑塔纳轿车在上海组装下线，这是从德国引进的第一条合资轿车生产线，其后数十年，大街小巷里飞驰的桑塔纳，成了大众心目中的"国民车"。

对心怀造车野心的人来说，时机已经出现了。1984 年到 1985 年的两年时间里，保定地区先后出现了 5 家造车企业。长城汽车的前身，当时依托自己的制造厂，主要从事汽车改装业务。随着长城汽车为华北油田改装的通勤车正式上路，标志着在汽车制造领域，民营企业也已经下场了。不过，此时的长城汽车还是集体所有制的经营模式，其他诸如京涿联营汽车修配厂、安国汽车厂，同样也都属于集体合营企业。

一方面是因为政策上还存在变数，社会上个体经营的意识并不深入。另一方面则是技术上的掣肘，这些集体合营企业，本身还不具备国营企业整体造车的水平和能力。因此，他们造车的方式，就是多个配件厂联合在一起组装，为了便于更好地协作，企业在创立之初就存在关联属性。

像长城汽车，本身属于家族关联模式，与之有关联的企业，除了组装汽车业务外，有的还涉足其他领域。另外像京涿、京新等汽配厂，则是和北京的汽车企业展开合作。各个企业是"八仙过海，各显神通"，相比国营企业，他们充分展现出了自身的灵活性，而这一点也成为后来民营造车企业生存的关键核心。

截至 1984 年，保定的民营造车企业已处于巨变前夜。长城汽车作为其中的一员，其所装备的通勤车已经在油田驰骋，接下来能否开创新的局面，整体造车工艺相比此前是否能再次提升，就要看长城自己的发展了。

从组装、改装再到整装

保定南大园乡，长城汽车工业公司的注册地，1984 年企业创办的时候，其注册资本为 80 万元，企业模式为集体所有制，也就是人们俗称的乡镇企业。经营方向为汽车改装和维修业务，并涉及特种车辆和工程车辆等相关领域的特殊改装。值得一提的是，公司的前身原本是一家农机改装厂，这不禁又会让人联想起五十年代末"攒出来"的飞跃牌三轮货运车。不得不说，长城汽车的前身，跟保定地区早年的攒车时代是一脉相承的。对长城汽车而言，1984 年是真正的创立元年。早年的攒车造车观念，企业自身的规划，创始人魏德良对汽车的热爱，都深刻影响了企业接下来的发展方向。

从整体的行业环境来看，这一时期的业务还是以组装和改装为主，而且国营汽车企业的发展方向，始终引领着民企的发展。1986 年，保定的国营车企开始跟北京的企业合作，技术上研发出了新型的客运和货运汽车。在具体的合作项目上，合资投建新的改装厂，主要用来改装吉普车，并很快就产生了新品牌——华北牌。与此同时，面向个体消费者的小汽车也渐渐露出了雏形。

此时的长城汽车虽然还不能造出整车，但却相当看好整个汽车市场。更为关键的是，公司早期的身份定位非常准确，就是给能造出整车的大型国营车企"输血"，为后者提供品质优良的汽车零配件。在这个基础上，如果公司业务迅速拓展的话，自然也不会放过任何一项组装车订单。这一清晰的身份定位，为公司接下来在第一阶段的快速发展，奠定了坚实的基础。

零配件持续供应大厂的同时，组装和改装业务亦在如火如荼地发展。这得益于八十年代中国开放的大门越开越大，过去接触不到的新车型以及各种造车技术，彼时都先后进入了国内。和其他的民营车企一样，长城汽车在发展初期的主要任务就是学习。既学习新的技术，也学习全新的企业管理理念。

毕竟，不光是长城汽车，包括保定当时的其他民营车企在内，他们都发现国内的造车理念和国外已经拉开了很大的差距。企业如果真想长足发展，就必须得学习和消化新东西。在这个过程中，长城汽车就是诸多同行中的"好学生"。

以零配件的供应为例子，公司经过积累发展出来的营销网络，可以从国外先进的车企拿到更新的零部件。对一个乡镇企业来说，光是出售海量的零配件，就能让公司活得非常滋润。然而，就像世界上所有做大做强的知名公司那样，长城汽车从创立伊始就没打算安于现状——公司的目标不仅仅是出售零配件，也不仅仅是组装和改装汽车，真正的目标是要学会和掌握整车制造技术。公司早期的身份定位虽然是给大厂"输血"，但这仅是公司生存发展的一种策略。一旦掌握了全新的技术，一旦拥有了一飞冲天的机会，公司将不会拒绝整车的制造。

如此一来，当同一赛道上的企业或安于现状，或者已经关门歇业的时候，长城汽车还在有条不紊地推进自己的发展规划。

首先，汽车零配件不光要销售，关键是要吃透。要想学会其中蕴藏的技术，就得拥有这方面的人才。在人才的延揽上，长城汽车的关联企业树立了一个很高的标杆。为了吸纳更多的人才，不让员工有生活上的后顾之忧，公司拿出专项资金盖了一座"招贤楼"，宽敞的三室一厅，配备现代化的厨房卫浴系统。与此同时，对于每一位加入企业的员工，公司会根据他们的学历和技术水平，每人发放数量不等的安家费，这笔费用多则几万,最少的也有上万元。要知道这是在八十年代,绝大多数人还在按月领取几十块的死工资。

不光长城汽车,八十年代时只要是有清晰发展目标的民营企业,在人才上的投入支出都毫不吝啬。这样雄心勃勃的经营理念,和国家整体的发展趋势相契合。也正是因为各个企业都在拼命招揽人才,所以"学好数理化,走遍天下都不怕"这句口号,在八十年代才喊得最为响亮。

其次,公司招揽来的人才,也要充分发挥好他们的优势。进口的汽车零配件要逐一拆解研究,吃透里面的技术,接下来便是仿制和自主研发。整个过程公司有详细的规划步骤,技术进展到哪一步,什么地方可能会存在卡壳,类似的情况都要一步步去解决,最终的目标是完全消化吸收。如此一来,公司有清晰的发展目标,招揽来的人才和技术人员,也会感觉到自己有了用武之地。通过对人才的合理运用,公司进口拆解的方式一直在稳步施行,并很快就掌握了汽车前桥独立悬挂的生产技术。

最后,便是将人才效用以及转化吸收的技术落到实处。由于长城汽车的规模还不大,公司便借助关联企业,在八十年代后期开始逐步整装汽车。彼时的主要客户,还都是像华北油田这样的企业而非个人。相比零配件的单纯生产以及销售,整装汽车业务的利润要大很多。

整个八十年代,长城汽车一直在从组装到整装领域进行探索,这是技术短板导致的客观情况,同时也是因为国内个人汽车消费还远没有形成规模,市场以企业和公务用车为主,因此车企本身的发展思路,不得不集中在技术领域。至于汽车如何销售,营销网络如何构建等问题,当时几乎所有的车企考虑都还不够深入。

对长城汽车而言,先解决技术问题,此后再去构建销售网络,这才是企业发展的正确步骤。在实际经营中,公司也始终是这么做的。1989 年,长城汽车合资成立了新的零配件公司准备大干一场。但是,突然而至的变故打断了公司的发展进程,长城汽车以及关联的家族企业,遭遇了自创立以来的第一次危机。

小厂的第一次折戟沉沙

1989 年，南大园乡代表长城汽车高层接管了公司的所有业务。从随后不到一年的经营情况来看，彼时的基层政府在企业经营层面，确实管理经验不足——政府接手后不但迅速出现亏损，而且负债 200 多万元。而公司之所以被接管，是因为魏德良在 1989 年突然遭遇车祸去世。突发性的变故让长城汽车全体上下措手不及，由于是集体所有制企业，被注册所在地的南大园乡接管也是顺理成章的。

从现有的公开资料看，乡政府当时是想长期经营还是临时接管，外界并不了解详细的情况。不过从结果来看，随着公司持续亏损，乡里大概率是把企业看成了烫手的山芋。可由于公司整体资产只剩下 300 多万元，员工又不断离职流失，所以没有人愿意接手这个烂摊子。就当时的那种复杂局面，如果再没有人接手，南大园乡估计就任由长城汽车自生自灭了。毕竟，在崇尚全民下海经商的八九十年代，每天死去的企业何止千万，所以也不差长城汽车这么一个乡镇小厂。

好在公司最终被魏德良的侄子魏建军承包接手。此前魏建军的父亲和叔叔都在创业，虽然经营的业务范围不同，但作为关联的家族企业，与汽车制造领域有很多交集。因此魏建军临危之际接管公司，也是顺理成章。只不过在此之前，魏建军并没有涉足汽车制造领域，而是在家族企业里的一个水泵厂担任负责人，所以当公司里的员工听说由他来接手的时候，人们都对这个只有 26 岁的年轻人充满了疑虑。毕竟，长城汽车当时面临的可是灭顶之灾。

当时，保定的其他汽车制造企业，已经在紧锣密鼓地制定新发展计划。比如国营企业保定汽车制造厂，在这期间不但设立了第二厂区，而且准备斥资几亿元打造新的汽车项目。就在魏德良去世的那一年，保定汽车制造厂和香港的车企合资成立新的公司，投资金额超过了亿元。其他的车企同样也在推行各自的发展计划，保定下面的各县市，此刻都有了汽车改装厂，有的企业已经在持续装配汽车了。

所以从外部群雄环伺的环境看，不要说长城汽车遭遇了危机，就是在没有危机的情况下，如此竞争激烈的行业环境，就已经能让一个企业危机四伏了。而长城汽车自身遭遇的危机，无疑是让局面雪上加霜了。

公司所有的发展规划被迫中断，南大园乡政府接管期间的具体经营理念是什么，从每天都在增加的债务来看已不再重要。在人心浮动的情况下，魏建军要做的事情就是稳定住局势。可对一个不断失血的公司来说，稳定局面说起来容易，但做起来每一步都很艰难。毕竟员工要工资吃饭，债务要全部偿还，企业还要尽快盈利。这就是魏建军接手公司后，首先面临的三个最直接的问题。

此前的盈利点在哪里，如何能将盈利点再次激活，并且在原有的基础上再上一层楼，这是长城汽车焕发新生后，魏建军制定的破局战略所要解决的问题。对任何一个公司来说，持续盈利，哪怕每月的收入只比支出多一分钱，也是一种胜利。而对九十年代初的长城汽车而言，此前几年公司已积累了一定的技术和人才，所以公司的盈利点，就是将人才和技术转化成真正的产品。

技术操控在人才手里，而人才能否最大程度地发挥作用，还要看公司的管理层与之结合的情况如何。每一位企业管理者，由于个性迥异，所带出来的企业人才队伍都有各自的特点。在这种局面下，长城汽车新的管理层，肯定不能单纯地坐在办公室里发号施令，所有的管理人员必须深入车间，了解每位员工的所思所想，掌握他们的技术动态，才能在制定新的发展战略时做到有的放矢。

事实也证明，公司在迎来了新老板以及全新的管理层后，一扫此前几个月被临时接管时的无序状态，员工和各技术人员重新回到车间忙碌，此前中断的进口汽车拆解也重新开始。从新型汽车的结构到性能特点，再到新的技术如何转化利用，全体上下都在朝着一个方向发力。不久员工们听到了一些传言，公司的新管理层决定生产农用车。

不过这个项目更像是前期的试错，因为彼时国内的农用车市场十分的混乱，没有大的品牌树立行业的准入标准，各类车型的性能良莠不齐，市面上所有的车都是改装和组装的，几乎没有整装制造的农用车。魏建军很快就意识到，这一领域利润率极低，而且很容易消磨企业的斗志，便叫停了这一项目。

随着新项目被果断叫停，公司在思考新发展方向的同时，如何提高员工的凝聚力，也成为公司需要面对的另一个棘手的情况。1990年，长城汽车的员工只剩60人，而且由于经营状况还未改善，不断有人离职。为了稳定人心，魏建军提出了全新的口号，即那句后来闻名海内外的"每天进步一点点"。

从小处着手，让所有员工参与到企业发展中来，这成为长城汽车凝聚人心的一种新模式。为此，公司接下来加大了企业文化的宣传和人员组织力度，无论是车间的技术人员还是普通员工，哪怕是后勤的帮厨人员，都知道公司接下来的发展规划是什么。一个企业一旦从整体上被调动起来，所有人就成为了一个整体，这种局面下形成的向心力既是惯性，也会成为扭转局面的强大力量。

或许，长城汽车当年在遭遇危机后的应对措施是正确的，当然这种说法是从结果来看的——因为长城汽车后来成功了。假如公司后来没有成功的话，那么企业在1990年采取的一切措施，又会被外界解读成是失败的根源。所以采取的措施究竟如何，事实上大多数时候都是从收获的结果来看的。对公司本身来说，在那种局面下对错似乎不再是关键，去做点什么或许才是关键。

　　也因此，回到 1990 年，面对重新改组后的长城汽车，接下来能否步入发展正轨，对仅有的 60 名长城员工而言，一切都还是未知数。只有一点是可以肯定的，那便是老的长城汽车工业公司已死。面对这家乡镇小厂折戟沉沙的局面，新的长城汽车只有真正去"自将磨洗"，才能认清"前朝"。

第二章

从改装轿车突围

保定汽车制造厂的皮卡项目起始于 1991 年,彼时长城汽车正一点点从之前的泥淖中爬出来。方寸之间发出的改变号角响彻云霄,多年以后据长城汽车的老员工回忆,那时候就连公司的清洁工,都十分清楚公司业务的方向已经从改装汽车转向了制造汽车。没有流水线就去打造流水线,缺少企业管理章程就去详细制订。总之,一切从零开始。

中国汽车行业的新故事

当保定其他车企瞄向新车制造的时候，长城汽车整改之前的改装车业务，实际上也已到了瓶颈期，只是后来出现的危机引爆了企业的整体情况，这反倒在某种程度上掩盖了此前的问题。好在公司的新管理层也敏锐地意识到这一点，所以从 1991 年开始，公司的改装车业务就已在逐渐退场，取而代之的是业务上的转型和各种新的尝试。

即使公司不这么做，在原有的业务上亦不会取得多少进展了。彼时保定从市里到县里，到处都是汽配厂和各种改装车业务的小作坊，这一市场实际上已趋于饱和。长城汽车面临的实际局面就是，不拓展新的业务，公司很可能就会被挤出市场。资料显示，当年保定汽车制造厂为了打造新的车型，与香港车企合资投入的金额高达 4.5 亿元。

面对激烈的市场竞争局面，长城汽车非但没有这么大的手笔，此前危机中欠下的债务在 1991 年的时候都还没有偿清。公司需要开展新业务，然而又没有钱，怎么办？仅凭几句空话以及许诺的愿景，是无法安抚企业员工的情绪的。

正是在这种情况下，长城汽车即便需要整体做出转变，新旧业务之间也难以做到像切开的西瓜，两个半面齐齐整整。旧有的改装车业务不能马上抛弃，新的业务只能在试错中艰难展开，企业的过去和现在，好比地震后裂开的地面，长长的裂痕之间是犬牙交错的态势。在这种情形下，魏建军的决策稍有差池，就会让刚刚爬上来的企业再次跌入深渊。

也因此，在这样的一个非常时期，相当考验公司管理层的智慧。

好在，外部的环境正在朝着有利于汽车行业发展的方向转变。从九十年代开始，私家车的概念逐渐从国外传入国内。汽车这种经历了百年变革的工业化时代的奢侈产物，就像"王谢堂前"的飞燕，慢慢飞入了寻常百姓家。早已盛行国外的汽车文化，也一点点被更多的国人接纳和欣赏。在这种局面下，汽车尤其是轿车的制造已势在必行。

如今，汽车已是一个非常普遍的交通工具，日常生活中处处可见。就如每一次的科技变革都会迎来人类生活方式的一次大转变一样，汽车的诞生也是人类出行方式的一次重大变革。汽车的诞生和发展，不仅仅得益于各种学科的进步、技术的推进尤其是动力装置的不断改进，更是人类智慧的集中展现。

从三轮到四轮，从十七世纪的喷气式汽车的构想，到十八世纪蒸汽式汽车，再到十九世纪内燃机的发明和推广，大大促进了现代化汽车的出现。

据记载，1879 年，德国人卡尔·本茨[1]制造出了第一台单缸煤气发动机；1885 年，卡尔·本茨将由燃气发动机改装的汽油发动机装在三轮车上，这辆三轮汽车具备了现代化汽车的一些基本特点；1886 年，德国皇家专利局批准了卡尔·本茨关于汽车发明专利的申请。因此，1886 年被视为汽车诞生的元年。1888 年，法国商人埃米尔·罗杰斯开始生产商用汽车。

20 世纪二三十年代，随着技术的进一步普及和人类对生活便捷度需求的提升，奔驰、福特、通用等汽车公司纷纷成立，在这个时期，汽车生产已经进入了一个标准化流水线的生产阶段，极大地提高了生

---

[1]卡尔·本茨：即卡尔·弗里特立奇·本茨，德国人，发明家，汽车发明者，现代汽车工业先驱者。

产效率。与此同时，汽车技术也得到了大幅提升。在此基础上，现代化的汽车产业逐步形成。

至今，作为一个综合性的产业，汽车产业链的上下游连接了相关的将近八十个行业。在所有商业化产品中，汽车产业是相关行业最多的一个品类，说它是一个国家的重要支柱型产业也一点都不为过。

作为一个随着物理、化学等相关工业技术的不断进步而出现的产物，汽车同时也影响着人类的整体世界观，它从根本上改变了人类对速度和力量的感受，改变了人类的出行方式，改变了人类对空间感和距离的理解。从这个意义上讲，汽车的诞生，不仅仅是人类社会在物理意义上的变革，也在一定程度上拓宽和提升了现代社会的精神层面。

在中国现当代工业化发展史上，以及现代化的发展过程中，汽车产业都是一个备受关注的行业。20世纪初的中国，汽车最早在上海出现。上海作为当时中国独享盛誉的城市，被誉为"远东明珠"，十里洋场，极尽繁华。当时中国并没有自己的汽车制造商，更没有成体系的汽车产业链，所有汽车完全依赖进口，价格昂贵。有研究表明，当时普通百姓年收入为一百大洋[1]左右时，一辆汽车的售价在一万大洋起步。

据相关资料记载，当时上海滩风云人物杜月笙，拥有九辆轿车。20世纪30年代，时任北京大学文学院院长的胡适先生也拥有一辆福特轿车，还有自己的司机。梁实秋曾这样调侃胡适的福特车："看形状就知道很古老的，开动的时候需要司机用一根曲尺在前面狠命地摇晃好多下子。" 毫无疑问，汽车在当时属于十足的奢侈品，仅限于上流社会少数人使用，拥有汽车的人非富即贵，他们用它代替传统的马车和轿子，作为出行代步的主要交通工具。

---

[1] 由于无法精确估值，对于20世纪初大洋与现行人民币之间的换算并没有统一的说法，仅依靠当时的部分生活用品购买力进行估算，一块大洋相当于现在的人民币100~500元。

　　新中国成立后，中国逐步建立起属于自己的汽车生产体系。中国第一汽车制造厂于 1953 年开始兴建，这一年，是属于中国汽车工业的元年。起步阶段的发展是缓慢的，不管是资源、人才，还是资金、技术，都是短缺的，这就使得这个阶段的发展困难重重。

　　1956 年，第一辆解放牌卡车下线；1957 年，第一辆上海牌三轮载货汽车下线；1958 年，第一辆跃进牌 2.5 吨载货汽车在南京汽车制配厂下线。这个阶段生产的汽车主要是以载货汽车为主，乘用车极少，被称为中国汽车产业的 1.0 时代。

　　改革开放后，随着车企的合资合作时代来临，中国汽车产业进入 2.0 时代。

　　进入 20 世纪 90 年代末，迎来中国汽车产业的 3.0 时代，这一阶段，随着中国经济的全面发展和迅速增长，中国汽车行业也在突飞猛进地发展，一些自主品牌开始破土而出。

　　现在，随着新能源和智能化时代的到来，在新消费新技术的大背景之下，中国的汽车产业逐步进入 4.0 时代。

　　回到 1990 年，长城汽车迎来变革的时候，中国汽车产业还处于早期的 2.0 时代。当时市面上流行的汽车以合资车为主，如今大众所熟知的一汽大众、上海大众、上海通用、东风日产等，都是国内车企与外国品牌的合资车，但在当时，即使合资的小轿车选择也不多，上海大众桑塔纳和广州标致 505，是其中比较突出的可供大众选择的合资品牌轿车。中国独立的轿车品牌中：一汽红旗轿车一直属于高端轿车，而且整个 20 世纪 80 年代基本处于停产状态，到 1993 年才恢复生产，同时开始市场化进程，进入大众市场；上海牌轿车，原本是中国自主品牌中较能为普通百姓所接受的一个品牌，在 1985 年上海汽车厂与德国大众开启合资经营后，于 1991 年停产。

　　曾经有这样一个小故事：1990 年，一位汽车工程师站在天安门前数汽车，数了 100 辆，只有 3 辆是国产的。这个故事曾在坊间广为流传，也从侧面表现出人们迫切期望中国车企自主品牌做大做强的心声。

长城汽车面临的既是危机，但更多的也是机遇。1991 年的夏天，长城汽车与南大园乡政府签订了 5 年的承包合同。此时公司的员工有理由相信，他们已经找到开创新业务的方向了。

迎难而上抓技术

中国汽车工业的 2.0 时代，整体的产能规模和技术水平都较为低下。20 世纪 80 年代，国门大开之后，面对国外五花八门的先进汽车科技、生产管理经验、大规模产能水平，乃至各类品牌的车身设计，国人感到眼花缭乱、心动不已。

当时的欧美地区，以及日本等发达国家，在二战之后汽车工业迅速发展，并于 20 世纪 70 年代进入一个黄金期。20 世纪 80 年代后，日本的汽车产量反超英美跃居世界第一，而且整个八十年代，日本汽车年产量都稳定保持在 1100 万辆左右。这个时候，美日等汽车制造大国的国内汽车市场已逐渐趋于饱和，就在他们急于寻求海外市场的时候，中国打开了国门，一时间，各类日系车、欧美系车都纷至沓来，开始规模性地进入中国市场。

那时正是中国整个社会对汽车的需求整体大增之时，国产车不论在产量还是品质上都无法满足国人的需求。从当时的情况来看，要解决这一问题，有两个较为便捷快速的方法：一是进口整车，二是与外国品牌合资造车。当然，如果放眼时代的发展，目光更长远一些，还有一个最根本的解决之道，就是发展我们自己的汽车品牌。自主生产、自主造车、自主消费，这是一条最艰难但也最为稳妥的路，更是中国走向现代化的必经之路。

综合各项指标，尤其是当时中国整体工业基础的落后和科技实力的严重不足，短期内中国还是选择了以合资为主、进口为辅的汽车工业发展战略。显然，自主汽车品牌前路漫漫，还远远没有达到所谓的规模化生产和市场化经营，且离它们进入国人的生活日常，还差了大约二十年。

九十年代初，中国的汽车产业还在为基础设备和技术发愁的时候，日本本田汽车的导航系统已经问世。这种差距好比电影界国内的第五代导演才刚刚在全球崭露头角，而好莱坞的电影早已形成了完整的工业体系，并在世界的各个角落拥有海量的拥趸。造车工艺上的差距虽然明显，但中国私家车市场庞大，而且九十年代初一场"南方谈话"，国家亦进一步释放了改革开放的强有力信号。

在这种大的时代背景下，长城汽车逐步进入了新的发展赛道。造车的定位已相当清晰，企业接下来要做的，就是从各个方面让新理念贯彻下去，同时在技术上让定位更加的精准。

要在短时间内做好这两点，对长城汽车来说并不容易。公司本身刚从危机中走出来，且大量的设备还是以前改装业务的设备。与此同时在人才储备层面，和当时保定市的其他车企比起来，也有了一定的差距。要想让新业务的技术定位更加精准，人才延揽以及技术上的创新，就又成为公司首要面临的问题。

此前攒车时代的技术已经过时，但攒车时的那股精神，恰恰是公司目前最需要的。于是长城汽车将这种理念进一步提炼，并很快贯彻到了全新的企业文化里。"每天进步一点点"，不仅仅是公司鼓舞人心的一句口号，从技术革新的角度看，也是公司把控节奏的必要前提。因为在吸纳新技术的时候，一口吃不成胖子，想要获取全新的技术，同样也要契合自身的发展节奏。就像早年攒车时那样，每组装一辆新车，不是时间在掌控全局，而是技术在引领公司的发展。

汽车诞生之初，作为商品，类似于钟表，属于纯手工打造的奢侈品，只有极少数的人才享用得起。而汽车和钟表，虽然动力装置完全不同，但其内部的物理构造却有异曲同工的趣味，都是错综复杂的机械结构，都是各种零部件的拼接和组装。

早期，在汽车还没有实现大规模流水线生产之前，有很多层出不穷的汽车生产小车间、小作坊。一个小作坊里有几位师傅，他们生产汽车的流程也很简单，客户来了，挑一种底盘，挑一种设计，再确定一下其他细节，几位师傅就叮咣叮咣地将一辆车打造出来了。因为是纯手工打造，要满足不同客户的需求，所以当时的汽车造型五花八门，各不相同，非常具有个性。

手工打造是质量的保证，也是名贵和奢侈的代名词，但这种生产方式的缺点同优点一样明显，工期长，成本高，产量低，除了无法满足市场越来越旺盛的需求，更因无法量产和大力推广而阻碍了汽车被普通大众接受的步伐。

在汽车诞生30多年后，也就是到了20世纪初，随着第二次工业革命逐步进入尾声，汽车工业也终于完成了蜕变，实现了标准化的流水线生产。世界上的第一条汽车生产流水线于1913年诞生于美国底特律的福特公司。伴随着这一具有转折意义的生产方式的巨大变革，汽车工业走上了现代化的生产道路：以前生产一辆车可能需要一个月甚至更久的时间，现在只要一个半小时。如此惊人的生产效率是卡尔·本茨当年完全无法预料到的。随着生产效率的大大提升，汽车工业自此开始投入量化生产。

当是时，第三次世界范围内的工业革命正在萌芽，伴随着这场以原子能、电子计算机、信息、新能源技术、生物技术等多学科交叉爆炸式革新为特色的信息化时代工业革命，汽车工业再一次实现了技术和产量的全面升级。

进入21世纪之后，人类迎来新一轮技术革命，"工业4.0"概念正逐步确立。基于互联网、物联网、人工智能的第四次工业革命，终将在人类社会生活的方方面面，包括汽车工业，掀起新一轮的重大变革。

不管是在汽车诞生之初，还是发展至今，手工都是汽车技术的最初形式。如今汽车技术的进步和汽车品质的提升越来越依赖于核心技术的研发，如新能源电池续航技术、超声波检测技术、智能芯片等，各种零部件的生产和组装也越来越规模化、智能化。

长城汽车要发展，技术就必须放在首位。就像多年以后长城人不断强调的那样，企业发展有质量、讲效益、讲速度、有发展活力。彼时要做的，就是脚踏实地，一步步做起。

完善组织架构

组装车时代，由于公司没有完整的造车工艺和流水线，整体的组织架构相当混乱。比如汽车零配件的供应，有的公司合作的企业一直在变，进而导致每批汽车所使用的零件也不固定。再比如汽车的整体组装，完全受限于公司车间的大小，而且不是流水线作业，有时候员工的构成和技术人员的使用不但混乱，而且还严重浪费和制约了人才效用的发挥。

其他民营车企面临的问题，长城汽车同样也存在。如此一来，在公司准备开展新业务的局面下，整体的组织架构，无论是造车工艺上的情况，还是人员配备方面的问题，必须全都理顺。换言之，公司需要一套完善清晰的组织流程和架构，造车的整体工序要理清，员工的配置使用也得有效。这一系列问题操作起来相当不容易，好在魏建军并不惧怕任何难题。

管理者的个性，很快也影响到了公司整体的经营风格。越是有困难就越有干劲儿，与此同时公司从上到下也都不再惧怕压力。在这种情绪的引领和带动下，长城汽车的运转越来越高效。

长城汽车整改之初，厂里只有几名技术工人，其他人都是普通的车辆组装工人，工人们的主要设备就是几把喷漆枪和电气焊机。魏建军并不觉得这个队伍单薄，相反在这个基础上，公司很快就偿还了200多万元欠债。这些还仅仅是起步阶段，带领员工赚钱才是接下来的重中之重。

为此，从管理层到员工，公司全体上下都已经做好了打持久战的准备。

具体来看，长城汽车接下来在完善组织架构的问题上，分成了多个步骤。首先在管理方面，公司逐步将整个队伍和人员的分工、职责都明晰化，改变原先管理"一锅粥"的状态，每个人的职责范围都做到边界明确，让人心中有底，知道自己每天该做什么事情，该担什么责任，该向谁汇报。

人才引进上，公司开始注重更加专业化的人才队伍建设，毕竟以往组装和改装汽车的经验已经过时，为此公司列出了详细的规划。要以能制造整车的人才为主，零配件组装的员工为辅；队伍建设上要以长远发展为基准，短期目标则集中明确；人才的使用长期来看要平稳持久，短期内要能逐步摆脱困境。

根据规划公司开始着手安排人员具体配置。车间工作是重中之重，所以技术人员负责研发以及原有的改装业务，执行员工由技术人员在平日里的工作中安排。车间的工作以技术为核心，公司每一步该怎么发展，全靠它来引领。

其次，重要的销售团队公司亦在着手打造，这是除了技术之外，公司能否开启新征程的重中之重。销售是公司的前进动力，销售人才的培养和发掘，是另外一套工作逻辑。公司在进行全方位改造的同时，销售人才的招揽已经在有条不紊地推进了。接下来的事实证明，长城汽车这么做是富有远见的。正是销售人才队伍的建设与发挥，平衡了公司的发展战略，让企业从整体上拥有了"技术"和"销售"两条腿，最终才能大踏步向前。

此外，质量检测人员的配置也很关键，它关系到产品能否真正卖得出去，是公司的灵魂，代表了企业整体的发展信誉。如果说汽车制造建立在技术上，那么汽车能否开得动，能开多久，就建立在产品质量的把控上。

最后，则是各类日常行政事务以及后勤保障工作，这一领域的人员配置看似无足轻重，可实际上是公司能否协调运行的基础。很多以技术为核心动力的公司，往往忽视了行政上的协调作用和后勤的保障功能，以至企业全体员工不能各司其职，甚至会出现严重的内耗。为了避免这种风险，长城汽车在人才引进和组织架构规划伊始，就通过架构设置，避免了行政后勤和技术、销售队伍发生交叉重叠的可能。事实亦证明，这样的安排提高了公司整体的运作效率。

从技术核心到发展动力，从公司的灵魂再到协调运作的基础，整体组织架构明确下来，人才队伍的配置也理清了方向。

关于人才的吸纳和培养，公司认为应该永远保持"在路上"的心态，即要始终保持学习思考的状态，要紧跟时代的步伐不断成长。

具体来看，招聘新人的时候，注重其学历和能力，对于现有的员工则进行全部的培训。公司从上到下，不管是企业高管还是基层工人，在随后的日子里都先后进行了培训。为了给全体员工做表率，管理层都参加了企业管理职能培训。在学习心态的引领下，理论和实践得到了有效结合。

经过一系列整改，公司的生产、销售、财务、纪律等各个方面都趋于完善。科学管理，规范运营，责任清晰，奖罚分明，一系列操作下来，大大激发了厂里员工的工作热情，员工的生产积极性空前高涨。有了制度和人才做基础，企业的长远发展才更有可能。

长城汽车改装厂自创办以来，一直接一些零散的小单，并没有形成自己的核心业务竞争力，鉴于市场的复杂与多变，长城汽车改装厂一直处于小心翼翼跟随市场的被动状态，没有能力也没有想到要去引导市场，市场的方向决定了其业务发展方向。正因为如此，长城汽车的汽车改装业务做得零零散散、断断续续，表面看来似乎什么都能做，什么车都能组装，实际上又什么都做不精、做不细，做不到有绝对的市场竞争力。这也是长城汽车在魏德良时代，厂里亏损巨大的主要原因之一。

　　要想发展，就要有核心业务竞争力，要能在市场中走出一条属于自己的路，哪怕一开始这条路显得窄小和难走。当时，不管是面包车还是厢式车的改装，业务都做得磕磕绊绊，面对厂子大院里的一堆随意摆放、破旧不堪的发动机和汽车零部件，魏建军早已不满足于这些小打小闹的业务了。于是在完善了公司的组织架构后，市场研究随即展开。

　　经过一番调研，结合长城汽车的实际情况，公司确立了结合大市场的基本盘，从细分市场入手的短期发展目标。原有的改装车业务不会马上停止，新的造车业务要缓慢拓展。在这个基础上，一些技术含量较高的改装车业务，比如改装冷冻车、石油用车等也继续开展，这可以给接下来造车积累更多的经验。

　　造车成为长城汽车接下来的长期目标，而从公司亏损到确立这项目标，仅用了几个月的时间。所以即便规划做得再好，这也是一项全新的挑战。不过，造车的背后承载了创始人魏德良的家族和理想，关乎着每个长城人的自我发展以及未来。长城人既然喜欢公司每天发生的新变化，那么对于新的挑战，他们也就欣然接受了。

"长城轿车"横空出世

在新的布局之下，长城汽车原有的改装车业务更加丰富，客户多了，单子也多了，收入跟着涨了，公司的效益慢慢地也有了起色。仅 1990 年当年，长城汽车便实现了扭亏为盈。1991 年，公司和南大园乡正式确立承包模式以及时间，标志着长城汽车的造车开启了倒计时。在其后的改装车业务经营中，长城汽车逐渐确立了自己的品牌意识。原有的改装车业务，正一点点转接到造车的业务上来，随着对市场的定位逐步明确，公司全体员工也已经蓄势待发了。

1989 年，国务院颁布《关于当前产业政策要点的决定》，这是我国第一份正式的产业政策。该决定对中国汽车产业的整体发展进行了整体的定位和详细的规划，并把轿车项目列为国家重点支持项目。汽车产业被寄予新希望，由此进入"高起点，大批量，专业化"的发展道路。政策利好，整改后的长城汽车响应国家指定的大方向，将公司的业务从单纯的、没有品牌意识的改装拓展到了自有品牌的改装，丰富了产品线，拓展了业务。

说干就干，长城汽车除了继续广招人才、调动各岗位人员的积极性以外，公司又投资 200 余万元改装扩建生产设备，包括调试、钣金、喷漆、内包车间等，还不惜代价配备了当时较为先进的汽车检测设备，可谓是"兵马未动，粮草先行"。

经过了两三年的发展，长城汽车厂的职工从最初的 61 人，扩大到了 500 余人，仅核心技术人才就有 30 余人。长城汽车高层初步为公司制定了四大治厂原则："以科技为先导，以质量为保证，以产品求生存，以信誉求发展"。

这背后体现出来的是魏建军对技术研发的重视。技术作为接下来发展的核心，在公司扭亏为盈后，一笔又一笔的经费都被投入到了研发领域。值得一提的是，彼时魏建军没有承包公司之前，对于汽车就情有独钟。江湖上多年以后仍然在流传，早年几万块买来的进口汽车，他经常毫不心疼地将其拆解，为的就是研究汽车内部的各种技术。现如今，他的这种风格被运用到了公司新业务的转型上来了。这也再次说明了，企业掌舵人的个性，会深刻影响一家公司的发展方向。

长城汽车的整个管理层，日常喜欢去的地方就是车间，技术人员在研发上的各种最新情况，魏建军也能及时获悉，很多细化的项目和最新的进展方向，往往不是在办公室，而是在车间的冲压机旁边敲定下来的。以技术为核心导向的发展氛围，让公司的业务转型得到了提速。

而且这种发展模式很快就见到了成效。得益于高瞻远瞩的布局和脚踏实地的作风，1991–1993 年的三年间，长城轻型客货改装汽车就已经发展到了三大系列包括十三个品种，长城汽车厂的年生产能力达到了 1000 辆，并由一个小规模乡办汽车厂发展成为中汽总公司中型改装汽车定点生产企业。在此期间，长城汽车生产的一款轻型汽车曾获保定市科技二等奖，以及河北省省级优秀产品奖。再加上长城汽车一贯的对售后服务的重视，"长城汽车"四个字一时间成为质量上乘、物美价廉的代名词，在市场效益之外，意外获得了巨大的社会声誉。

1990 年长城汽车扭亏为盈；1991 年年产值 2500 万元，利税 500 万元；1992 年年产值 6000 万元，利税 900 万元，仅用了 3 年时间，长城汽车彻底摆脱此前的阴影逆势重生。不光是公司的全体员工，在保定地区所有的汽车企业看来，长城汽车都创造了一个难以逾越的神话。对长城汽车来说，这也意味着他们的造车业务可以真正开始了。从技术到组织架构再到人才储备，检验公司整改效果的时候终于到了。

1993 年，凭借对市场的敏锐嗅觉，公司看准了轿车市场。经过一段时间的准备，长城汽车的车间正式开始生产"长城轿车"。凭着前几年的积累和一股向前的冲劲儿，在拼装的基础上造出了"长城轿车"。"长城轿车"的底盘是买来的，发动机是买来的，前桥是太行厂研发的，由于没有冲压件，就请来扬州的钣金工用手敲。一辆车打完砂纸，光腻子就 21 公斤重。多年以后，长城汽车的老员工都还清晰记得，当时刚造出来轿车，很兴奋地开着新车去参加展会，但因为还存在不少问题，一路上走走停停，修了好几次才到展会现场。

"长城轿车"定价仅几万元，当时一辆桑塔纳卖二十万元左右，一辆大众捷达也要十几万元。跟它们相比，"长城轿车"具有相当大的价格优势。"长城轿车"上市后，由于南方城镇对这个品牌还比较陌生，没有建立起相应的信任感，"长城轿车"在南方市场的表现一般。失之东隅，收之桑榆。与此同时，东北地区却对"长城汽车"表现出了极大的热情，市场反响度很高，拉着"长城轿车"，短短三个月，就在东北地区售出 1000 辆，再一次实现销售神话。

正因为有了如此卓越的销售业绩，长城汽车于 1993 年当年完成产值 1.38 亿元，利税高达 2500 万元，成为保定市乡镇企业龙头厂家。一时间，长城汽车成为一家明星企业，荣列"全国乡镇企业 500 强""全省乡镇企业 300 强"，并获得"河北省明星企业"荣誉称号。

此时，另一家民营造车企业掌舵人李书福，拥有了第一辆"中华轿车"，他一边在燕山大学充实文化知识，一边继续创业之路。李书福也想造车，但时机还远远不够成熟，于是，他退而求其次，准备暂时进军摩托车行业。比亚迪掌舵人王传福，从北京移居深圳，出任比格电池有限公司总经理，公司由北京有色金属研究总院在深圳成立。这俩人和汽车产业之间还没有产生任何实质上的交集。相比之下，长城汽车成了最先实现造车梦的民营汽车企业。

第三章

皮卡新征程

　　走出第一次生存危机的长城汽车，发展蒸蒸日上之时却遭遇了第二次生存危机。面对危局，公司在经过海外考察后再次做出战略上的调整，决定生产皮卡。因为当时国内的皮卡市场，无论是产品技术还是汽车质量，都相当的粗放而落后，虚高的销售价格更是让消费者望而却步。长城汽车经过慎重调研，认定生产皮卡的中小型国营车企不会是自己的强劲对手。再者，国内市场仅有的 3 个模具厂，可以为公司接下来生产整车提供零配件。基于这几个原因，长城汽车决定放手一搏。1996 年 3 月 5 日，当第一辆长城皮卡缓缓驶下生产线时，没有人意识到，一个全新的时代正在开启。

"准生证"危机

经过 3 年的强势逆转,长城汽车度过了第一次重大生存危机,之后 2 年,继续保持着前所未有的迅猛发展势头,长城汽车全体员工都情绪饱满、干劲十足。

1994 年,长城汽车加大液压机和模具等生产设备的投入,并由专门人员负责,建立了 5000 平方米的现代化汽车生产流水线车间。这一年,长城汽车产量再次翻番,单月的生产量达到 100 辆。车间内热火朝天,工人们夜以继日,一辆辆长城汽车从生产线上下来,通过各地的代理商分销出去,走进千家万户。

也就从这个时期开始,长城汽车要求销售团队真刀实枪上战场,一边实践一边学习、总结经验,确立了日后长城汽车独具特色的一对一营销销售模式的雏形,从一个人盯住一辆车,先付款再交车,到一个业务督导员对接一个区域经销商,有效监督并及时传递市场信息。其后衍生出的"1+X"服务模式、顾客满意战略、终端制胜等营销理念都是在这个阶段打下的基础。

眼看着长城汽车的业务蒸蒸日上,管理组织初具规模,营销体系逐步确立,生产线也在改进和扩大,魏建军决心要开发一款新型轿车,并冲刺单月 200 辆的产量。

就在长城汽车逆势上扬、大力造车时,炒房失败的李书福损失了几千万,从海南铩羽而归。回到浙江后,李书福又想起了自己造轿车的梦想，出于时机考虑，他绕了个弯儿，开始造摩托车。1992 年，浙江吉利摩托车厂成立。很快到了 1994 年，李书福就造出了中国第一辆豪华型踏板式摩托车。4 年后，吉利摩托车产量高达 35 万辆。年产值连续高达二三十亿元的吉利摩托车，为李书福的造轿车事业提供了雄厚的资金支持。

20 世纪 90 年代初的中国，随着社会的全面复苏，各行各业包括普通百姓家庭对汽车的需求大大增加。中国内地的汽车产能远远跟不上市场的需求，虽然有合资合作车，但由于价格昂贵，一般人消费不起。中国的自主品牌又呈现出鱼龙混杂的局面，由于设备、技术水平等的限制，这些整车企业造车水平整体落后，造出来的车质量参差不齐，车卖出去后售后服务系统不完善，且服务意识跟不上，经常由于曝出质量问题导致买主和企业之间扯皮不清，汽车产业整体处在一个非良性的发展状态。

基于这样的背景，1994 年 3 月 12 日，国务院首次颁布了《汽车工业产业政策》，在我国汽车工业发展史上，这一政策的颁布被视为一个重要节点。《汽车工业产业政策》再一次确立和强调了汽车工业在我国国民经济中的支柱产业地位，对我国汽车工业寄予了厚望，希望能通过它的实施，为我国汽车工业的发展指明方向、夯实基础，并逐步带动其他相关产业的迅速发展；显示了国家大力发展汽车产业的决心；确立了以乘用车（即日常人们所指的轿车）为主的发展方向。

从规范汽车生产、促进汽车产业健康发展的角度考虑，《汽车工业产业政策》明确规定了乘用车的目录制管理办法，即如果企业想生产汽车，要先拿到汽车生产许可证。

设置这一汽车生产门槛的目的是改变当时汽车产业存在的"投资分散、生产规模过小、产品落后的状况"，以期"增强企业开发能力，提高产品质量和技术装备水平，促进产业组织的合理化，实现规模经济"。

　　要拿到汽车生产许可证，即所谓的轿车"准生证"，需要提交申请，经过严格的审批，要求企业必须符合一定的条件和资质。除了资金的门槛，还有企业属性的分别和产销规模的限制。在产品认证方面，企业要向相关机构提出认证申请，认证合格的产品获颁认证证书和认证标志，并发布目录，公安部门据此办理新车注册，之后才可以上市销售。没有汽车生产资质的企业所生产的汽车会被认定为非法造车，要被查处。

　　彼时的长城汽车作为民营车企，显然达不到《汽车工业产业政策》所划定的汽车生产标准。上不了目录，拿不到汽车生产许可证，生产出来的车就上不了牌照。长城汽车的造车梦，正待一鼓作气却遭遇壮士断腕之痛，失去了造轿车的资格。直到 2001 年目录制管理终止，2003 年《汽车工业产业政策》废止并颁布《汽车工业发展政策》，长城汽车才重新拥有了造轿车的资格。1994 年颁布的这一版《汽车工业产业政策》作为我国汽车工业第一版明确和细致的指导方案，一直沿用到 2003 年。

　　从某种意义上来看，《汽车工业产业政策》的颁布在规范整治汽车工业大环境的同时，也给安居一隅、正待绽放的长城汽车的发展带来某种意义上的阻碍和困境。从历史发展观的角度回望这一政策，不可否认的是，它适应当时的现状，对于抑制当时汽车行业的盲目扩张、无序竞争和低水平重复建设发挥了积极作用。正是这一政策打下的基调和基础，使得汽车产业后来保持一种良性的发展状态。从这个方面来看，国内的自主品牌也是这一政策的受益者。

　　而当时，让公司头疼的事还不止这一件。几年间迅猛发展，销量持续增长，需求量旺盛，整个长城汽车都处于一种热火朝天的状态，生产线火力全开，即使如此，生产也跟不上销售，车辆供不应求。供应端的问题还未解决，销售端又出现了问题。由于当时长城汽车的质量还未达到相对稳定的状态，再加上还没建立起一个系统、完善的售后服务管理体系，过于火爆的销售场面，埋下了有关汽车质量的隐患。

　　在一系列大大小小的质量纠纷后，1995 年 8 月，长城汽车的质量问题在沈阳集中爆发，甚至惊动了时任机械部部长。长城汽车遭到全国范围的严查，整个企业顿时陷入一片慌乱中，不仅生产停滞，经营也无法进行。

一时间，长城汽车仿佛又回到了 1990 年公司亏损的那一年。可如今公司要面对的，是另一种形态的逆境，却需要同样的绝地求生的本领和决心。重重袭来的危机，最能检验一个企业的韧性，也最能锻炼企业整体上下的应变能力。不管面对什么样的困难，也不管接下来会放弃什么，有一点长城汽车无论如何也不会放弃，那就是企业全体员工的造车梦。"宁可干着死，不能坐着等"，长城汽车一定要找到新的出路。

海外考察的收获

1995 年，中国北极科学考察队历经艰险，于 5 月 6 日到达北极点，中国的五星红旗插到了北极点上，飘扬在北极上空。中国人的脚步一路向北，已经踏上了地球的最北端。这一年的长城汽车，却有一种拔剑四顾心茫然，路不知在何方之感。

20 世纪 90 年代初，不仅长城汽车在寻找出路，整个中华民族都在寻找新的出路，要实现中华民族的复兴之路。整个社会满怀希望、激情四溢、左突右击，尽是蓬勃之象。这种生机勃勃的气象具体到每一种行业，以及每一个人身上，人们纷纷受到鼓舞，然而，兴奋之余却夹杂着一点茫然，甚至是紧张。是的，人们要向前走，要奔向一个个新的目标、踏上一段段未知的行程，必须要不断战胜自我，必然会抛弃一些东西，必定有笑也有泪。毫无疑问，整个中华大地正在掀起一场变革，不是小打小闹之变，而是切入骨髓的剧变。

路在何方？路在脚下。不能停滞，要心无旁骛地勇往直前，要敢想敢干敢改变，这是唯一可以确定的事。在这个热血激荡的年代，所有人都在赶路，有的人开始走出国门，美国成了人们走出国门的首要目的地。

作为当时世界上最大的经济体，美国代表了全人类共同的理想，人们向往它先进的科技水平、丰裕的物质生活、自由民主的气息等，即所谓的"美国梦"。彼时人们对美国的向往，也是对美好生活的向往。

"美国梦"是富足、浪漫、美好的代名词，它代表了人们的某种理想、梦想和生活观。

1978 年 12 月 26 日，大雪纷飞的夜晚，52 名留学生一共带了 50 美元，在首都机场登机赴美。作为第一批公派留学生，这 52 个人分别在美国的顶级学府和一流大学学习深造，回国后，他们在各自领域成为带头人，为中国的快速崛起做出了贡献。从这第一批留学生开始，赴美的人多了起来，到 20 世纪 80 年代末 90 年代初，已然形成了一股出国浪潮。人们出国不再仅仅局限于留学，各种公派出差也渐渐多了起来。为了尽快打破第二次危局，魏建军也加入到出差参观学习的队伍中。

在遭遇了轿车限造令、质量纠纷风波后，魏建军不是没有想过后退一步，长城汽车曾想到生产农用车，因为这种车国家没有限制。公司甚至派人专程赶赴山东、福建等地，买来当时市面上比较被认可的农用小型面包车和几辆小货车。然而当农用车被运回来后，公司全体人员非但没有燃起新的希望，反而大失所望。这些农用车组装简单，对动力装置要求不高，技术含量低，造车门槛也低，而且利润微薄。看来要想让企业突围，要想有前途，就不能回头，还得往前走，还得造汽车。

既然要继续造车，造什么车？这成为摆在长城汽车面前的一个关键问题。1995 年，公司只能一边继续经营着原有的改装车业务，一边思考未来的出路。长城的未来在哪里？

这一边，魏建军正在苦苦思索。另一边，与长城汽车有着家族关联属性的太行厂（后者的创始人魏德义是长城汽车董事长的父亲），已经迈出了合资的步伐。早在 1994 年 1 月，太行集团就与加拿大益嘉工程有限公司、美国热高国际有限公司，合资成立了太行热高工程有限公司，并合资成立保定太行加美工业有限公司，以期学习国外先进技术、引进先进工艺、调整产业结构，为太行厂铺设新的业务增长点。

太行厂的目光相当长远，公司曾表示，"外国有的产品我们要有，外国没有的，我们也要有。"基于此，太行厂的高层不仅走出合资之路，还亲自走出国门，去日本、欧美、南非等地实地考察学习。事实证明，这种高瞻远瞩成就了太行集团的持续稳定发展，太行集团始终保持着学习的态度，一直处于行业领先水平。

或许是受到家族关联企业的启发，又或许是被当时火热的出国潮所感染，魏建军最终也决定出国考察，向国外的先进车企"取经"。

1995 年，电视连续剧《北京人在纽约》于 1993 年开播以来已火爆了两年，俞敏洪在北京创办的新东方学校也有两年了，学校里学生的人数已达到 15000 人之多。所有来俞敏洪这里学英语的人，都怀抱出国的梦想。而此时的俞敏洪，反而暂时放下了自己的"美国梦"，还向徐小平和王强递出橄榄枝。时年，徐小平和王强二人分别从加拿大和美国回国，加入新东方。至此，新东方架起"三驾马车"，气势如虹。或许他们有预感，在接下来的二十年、三十年，甚至更长的时间内，都将是自己大展身手的好时代。

魏建军去了泰国、美国等数个地方。除了参加多个车展以外，他们一行人最喜欢站在路边观察行驶在公路上的形形色色的汽车。车展上展出的车一般都承载了最新技术，属于最新车型，刚刚上市或即将上市，代表的是汽车科技的最新发展方向；路面上跑的车能看出当地的日常真实用车状况。

在这趟出行中，一次次地观察下来，有一种新的车型引起了长城汽车几个公司高管的注意。他们发现无论是在美国还是泰国，这种车型的使用率都很高，这种车不仅造型漂亮，用途也很广，既能载货也能载人，而且动力强劲、装备豪华。在地广人稀的美国，这种车相当受欢迎。在与中国同期汽车市场状况相似的泰国，这种车也被广泛运用，属于流行车型。

站在异国他乡的大道边，望着道路上频频出现的这类车型，几个长城汽车人的脑海中闪过一道灵光，内心也随之一动。一段时期以来，他们身上积压的焦虑与压抑的情绪似乎有些消散了。是什么车型能给几位长城人带来这么大的触动？是皮卡。

埋下造皮卡的种子

长城汽车重新升腾起了希望，这一切都是皮卡带来的。但是在1995年，中国内陆市场包括民间对皮卡的认识还仅停留在初始阶段，对皮卡的定义和功能也只有一个模糊的概念。这时的皮卡还没有一个确定性的称呼，有人称其为"轿卡"，也有人称其为"轻卡"。

对于这种刚刚引进中国不久的车型，人们抱着一种并不算热情的观望态度。对于这种车的归类，在1994年颁布的《汽车工业产业政策》所确立的目录管理体制中，皮卡被简单地划入了货车类型。正因为如此，对于皮卡的生产制造，才不像轿车那样有各种各样的限制和较高的门槛，长城汽车也才有了剑走偏锋的机会。

作为一种多功能性用车，皮卡的英文名为"Pick up"，起源于20世纪20年代的美国。据说，当时有一位农场主和他的夫人，两人平时在自己的农场干各种农活，偶尔也需要出席一些较为正式的场合，比如参加婚礼或拜访朋友等，这些场合就需要他们穿正装出席。各种场合的切换给他们带来了不便，这时他们想能不能有一种车，既可以满足平时农场劳作的需求，又能开着去较为正式的场合。于是，农场主给汽车制造厂家写了一封信，表明了自己的期望。皮卡车就这样诞生了。

从人类发展观的角度来看，这个故事其实表明了技术的进步、工业的发展永远来源于人们实际生活中的最真切的需求。1925年，福特首先推出了一款皮卡车，由此打开了皮卡世界的大门，直到今天，皮卡仍然在以它独特的存在形式从多个维度影响着人们的生活。

从外形来看，皮卡可以认为是轿车和货车的结合体，它前面是轿车式驾驶室，后面是开放式或半开放式的货厢，既拥有轿车般的舒适乘坐体验，也拥有货车般的载物大空间，且动力强劲，路面适应能力强，具备一定的越野功能，集轿车和货车的优点于一身，是一种非常实用的多功能用车。

20世纪20年代，皮卡在美国诞生之初，恰好是美国全国公路网体系开始建设的最初阶段。其后，一直到20世纪50年代，美国开始兴建洲际公路体系。伴随着全国性公路体系的逐步完善，以及美国经济的高速发展和城市化进程，人们的生活水平明显上升，活动的范围也大大增加，对汽车等交通工具的需求呈喷薄之势。又恰逢福特公司开发汽车装配流水线，汽车年产量爆发式增长，一辆辆汽车开进了美国寻常百姓家。

有了公路，有了汽车，有了钱，再加上美国人天性中冒险创新精神的鼓舞，"公路旅行"和"公路文化"开始盛行于世。一条曲折向前的公路承载了人们寻找诗和远方的梦想，而那些跑在公路上的汽车中，最常见的就是实用性超强的皮卡。

当人们身穿牛仔服，开着皮卡上路，把家当扔在后面的货厢，眼前是伸向天边的宽敞公路，身边是一望无垠的大平原，耳边呼啸起东南西北风，这一刻，一切烦忧都随风而逝。当鲍勃·迪伦嘶吼着《重访61号公路》赋予摇滚乐以灵魂，杰克·凯鲁亚克高举着《在路上》的旗帜震惊全美，好莱坞携诸多场景中皮卡频频现身的电影走向全球播撒"美国梦"时，没错，这就是20世纪中后期建立在经济发展基础上所形成的某种典型的时代精神。

从某种程度上说，这种时代精神恰好契合了长城汽车的精神，即野性方刚、热血奔放、勇于开拓、长于进取。可以说，从东南亚和美国考察归来的魏建军，无意间也把风靡全球的梦想带到了中国。

随着使用场景的多样化，皮卡在美国被更多地应用到了日常生活中。不管是在农场还是在城市，不管是拉货还是送人，皮卡都毫无压力；从小型商务货运，到家庭自驾出游，从工程承包项目到物品拖拽，皮卡都一马当先。在各种因素的叠加作用下，皮卡的需求量大增。福特是皮卡车的创始者，但并不是唯一的制造者。福特之后，包括雪佛兰、道奇等公司，都发现了藏在皮卡中的巨大商机，并迅速参与了进来。

经过数十年的发展，如今，美系皮卡早已自成一派，与日系皮卡各具特色，在市场表现上也不分上下。皮卡也在美国市场之外，被越来越多其他国家和地区的消费者所接受，在日本、澳大利亚、泰国、巴西等地，皮卡的销量和普及率一直都居高不下。

在魏建军出国考察的 1995 年，美国的皮卡年销量占据汽车市场 20% 左右的份额，东南亚的泰国，当年皮卡销量占据全年汽车总销量的 70% 左右，日本的情况与此两个国家相类。皮卡的渗透率已经相当出色。这也是为什么他们在这两个国家可以随处见到皮卡，并被激发灵感的主要原因。

国外考察期间，国内长城汽车的各项事务并没有放下，公司一边安抚军心，一边努力回笼资金。整个 1995 年，长城汽车过得相当不易。重压之下公司虽然找到了全新的出路，可对魏建军而言，接下来只有时刻保持清醒的头脑，才能迎接层出不穷的挑战。

回国之后，魏建军又一起投入到国内市场的调研，开始深度分析国内的皮卡市场状况。当时，我国刚刚引进皮卡车几年，这种车型还没有在市场和民间引起太大的反响。市面上待售的皮卡可选择性较少，主要分为两类：一类是较为高端的美日系皮卡，价格偏高；一类是国内车企自主生产的低端皮卡，虽然价格低但质量无法得到保障。当时皮卡的整体市场规模实在谈不上可观，几个主要的大型国有汽车生产企业都专注于轿车的研发和生产，自主生产皮卡的厂家有十几家，绝大多数属于民营企业，在皮卡的生产研发上都没有足够的重视和专注，生产线大都不成规模，而且工艺粗糙、质量低下。

　　在从生产规模、汽车技术、发展前景、管理机制、营销理念等各个维度进行调研和分析后，长城汽车的高层们心里有了底。最主要的是，皮卡生产不受政策性限制，这让公司觉察到了一条夹缝发展之路。再加上中国丰富的土地资源和充足的劳动力，公司全体上下的信心再一次高涨。皮卡这条赛道潜力巨大，且竞争对手较弱，是一条可持续发展的良性赛道，可以作为长城突围的一个突破口。1995年10月，长城汽车官宣定位于中国皮卡汽车市场，开始转型开发新产品。

野性的呼唤

1995 年注定要成为长城汽车发展史上的关键转折年。受国内外大环境等各种因素的综合影响，当年中国的汽车产销量大幅下降，很多汽车生产企业都处在低谷期，长城汽车也不例外。在这种背景下，当年的长城汽车坚守阵地，做到了在困境中突围，不仅完成了年度产值经营目标，总产值和利税也大幅增长。最重要的是，这一年公司承受着来自四面八方的压力，硬是找到了一条走向未来的出路。

从 1990 年到 1995 年，在第一个五年合同承包期内，长城从最初的负债 200 万，仅有一排破旧的厂房和一个小院子，有员工 60 余人和一些落后零散设备，发展到拥有总资产近 2 亿元，公司占地面积达 230 亩，职工增至 1670 余人，有一条组装流水线和多种先进加工设备。

五年的调整和奋发图强，长城汽车犹如从大病状态中慢慢恢复，身体变得强壮了，也更有活力了，整体进入一个相对健康的良性发展阶段。这称得上是一个奇迹。长城汽车再也不是一个落后的乡办小厂，它前进的每一步都倾注了每个长城人的全部心血。

当年年底，南大园乡政府同公司续签了承包合同，合同期仍为五年。虽然带领长城取得了一个好成绩，经济效益相当可观，社会效益良好，但长城汽车并不会止步于此。不前进就意味着倒退。除了全体长城人对进步和发展的渴望之外，时代也在推着它前行。这一年，长城找到了一条走向未来的出路，即转战皮卡。这将是一个左右长城汽车未来命运的决定。

长城汽车并不留恋昨天的战绩，公司永远看向未来，以未来指引现在。公司全体人员很清楚，虽然长城已经度过了生存危机，但稳定只是相对的，未来的发展道路上，肯定不会一直顺风顺水，坎坷和挫折注定不可避免。长城汽车要顺势而为，寻找到属于自己的精准定位，不管市场环境如何变化，都要守定自己立身的根本，抓住机遇的同时，灵活应对各种挑战。也是从这个时候起，危机意识开始根植于每一个长城人的心中，"每天进步一点点"的企业精神也随之诞生。

进入中国市场后，到 20 世纪 90 年代中期，皮卡的生产厂家四散分布，有华北汽车制造厂、金杯通用汽车有限公司、郑州日产汽车有限公司、江铃五十铃汽车股份有限公司、河北田野汽车集团有限公司、福建海福达汽车有限公司等。虽然皮卡生产厂家多达十几家，但皮卡在当时仍然只是中国汽车工业中产量最小的一个细分领域。皮卡在中国汽车市场处境尴尬，上下两难，向上无法进入轿车行列，向下也不甘仅与农用车为伍。

1995 年 9 月，当长城汽车决定转战皮卡时，公司的管理层以及广大职工中不乏怀疑之声，原因是这条赛道太窄太小了，从这条赛道望过去，难以看到未来的希望。但迫于形势的紧急之态，以及五年来管理层领导长城所树立的威信，大家选择了相信，相信公司管理层作出的判断和选择。所有人，包括长城汽车内部的人，也包括长城汽车的竞争对手，都没有想到，很快长城汽车便出现在了一串长长的皮卡生产厂家的名单上，且还"名列前茅"，甚至成为中国皮卡市场的领军者，一直持续到今天。

回顾曾经的这番惊心动魄的决策时，长城汽车依旧认为，带兵上阵并非要死打硬拼，与对手决一死战，而是要讲究战术。面对市场竞争，最高明的战术是躲避竞争，在有限的市场空间中寻找差异化，确定自身独特的价值所在，作拓展和延伸，找到最适合自己的生存空间。

在调研了一大圈决定转型生产皮卡后，长城汽车发现自己的头号竞争对手近在眼前，就是距离自家门口不足五公里的河北田野汽车集团有限公司，简称田野汽车。如今，对于"田野汽车"这四个字，人们会略感陌生。但在当年，田野汽车可是赫赫有名的。

田野汽车的前身是保定汽车制造厂，属于河北省保定市的老牌国有大型汽车制造企业，从 1958 年造出第一辆飞跃牌载重三轮汽车开始，正式进入汽车制造业。20 世纪 70 年代开始，研发制造了载货汽车、轻型货车等；改革开放后，为顺应市场需求，主动进行新产品的研发制造，在 20 世纪 80 年代末推出了一系列新车型，其中就包括皮卡和 SUV。当时整个市场环境以轿车为首，田野汽车却能另辟蹊径，开创了一条新道路，成为中国自主品牌皮卡和 SUV 的诞生地。

当时，田野汽车新推出的皮卡由于竞争对手少、性价比高，很好地填补了市场中的中档皮卡这一空白。因此，上市后即刻卖爆，反响极好。看到新产品的推出如此顺利，田野决定加大马力，顺风而上。在与丰田的合资合作谈判失败后，田野不再钟情于这条道路。他们从台湾买来模具，加大宣传推广，并斥资五亿元建造年产五万辆皮卡的新厂区。正值 20 世纪 90 年代初的田野汽车，风头正盛，他们有资金、有市场、有产品、有口碑，手握一把好牌，可谓勃勃雄心、壮志凌云。

而此时的长城汽车，才刚刚从泥淖中站起身来，稍微稳了稳身体，得了一丝喘息之机，又遭遇了另一种不可抗力的打击。相比五年前，长城长大了、长壮了，但还不能跟隔壁的田野汽车同日而语。一个大型国企，刚刚建成年产五万辆的生产基地；一个乡镇企业，仅有一条流水线，年产才数千辆。和田野汽车站在一起，长城汽车显得太小也太年轻了。即便彼时长城汽车因发展迅速在省市内频频获颁荣誉和赢得表彰，但在田野汽车看来，这对他们造不成任何影响，更遑论构成威胁。不管从属性还是规模上，当时田野汽车都根本没把长城汽车放在眼里。

这也就难怪，在听闻长城汽车要转型做皮卡时，田野汽车那边并未将此放在心上，他们认为长城此举只是提篮小卖而已，不足挂齿。的确，眼见一个国内最大规模的皮卡帝国即将在自己这边诞生，四射的光芒难免一时遮住了眼睛。

不管外界有何种声音，长城汽车都不去多加理会。公司相信整体做出的判断，在深入市场调研之后，公司更加坚信皮卡是一种非常适合中国国情的车，而中国皮卡市场还远远没有被完全释放。带着一种必胜的信念，长城汽车一向低调务实，于1995年底投入到皮卡的制造中。对于赶超田野，长城汽车公司全体上下都知道，这将是一条拼搏之路。"打败田野"不光是一句口号，靠的是踏踏实实做事和实实在在造车。

"中国人自己的皮卡"

长城汽车出征皮卡之战的同一年，比亚迪于深圳诞生，王传福一手创办了这家公司，也踏上了创业之路。起初，比亚迪以生产二次充电电池为主营业务，随后数年间，比亚迪在王传福的带领下迅猛发展，业务得到极大拓展。2003 年，比亚迪正式进入汽车行业，目前业务横跨汽车、轨道交通、新能源和电子四大产业。在业务发展之外，比亚迪的品牌价值也大为提升，成为了自主品牌车企中一股不可或缺的势力。

此时的李书福，他的豪华型摩托车业务已经做得风生水起，获得了极高的经济收益，并准备进军海外市场。李书福的汽车梦一直都在，他所做的一切无不都是在积蓄力量，只待时机的到来。

长城汽车则在汽车市场的重重限制之下，于夹缝中找到了一线生机。长城人深信，皮卡在未来必有广阔的发展空间。这一次，公司做足了准备。

首先需要明确的是生产皮卡所需要的硬装备。长城汽车的一众骨干人员开始走南闯北拜访学习，除了向车界前辈请教，更是赶赴各地参观考察。他们去河北省高碑店的华北汽车制造厂，参观学习那里的生产车间、生产线，以及设备和工艺；去辽宁省沈阳市的双福机械公司，确定了皮卡模具、车身覆盖件等皮卡零部件的合作供应关系；去安徽省滁州市扬子集团旗下的扬子皮卡厂，了解该厂皮卡的产销情况。

与此同时，公司从四川省绵阳新华集团购进了当时最先进的发动机，从河北省唐山爱信公司购进变速箱，从河北省廊坊香河以及辽宁省大连购进车架。但由于当时市面上的汽车零部件商体系不完善，致使某些较高质量零部件处于高价垄断状态，为节省成本，公司随后决定，能自己制造的零部件就自己制造。此时，长城汽车的关联企业太行集团，对长城汽车造皮卡提供了大力支持。

这里有一段插曲，早在1989年，魏德义便敏锐地感知到了汽车工业广阔的发展前景，决定进行高科技产品的开发，下大力量研制轻型汽车独立前桥。一个给水设备生产厂要开发汽车前桥，中间横亘的差距不可谓不大。魏德义力排众议，他购买了两辆进口的日产和德产面包车用于拆解研究，制定了攻关方案。在国内几乎没有任何相关技术资料可参考的情形下，于1990年年底成功研制了第一台独立汽车前桥。在权威机构对其进行技术鉴定之后，太行厂的前桥被获批可进行批量生产，填补了河北省省内的空白。

在这一背景下，太行厂的二分厂被并入了长城汽车桥厂，满足长城汽车对皮卡前后桥和一些橡胶件的研发使用需求。此举无意间也拉动了魏建军脑海中自主开发的那根弦，为长城汽车其后的自主研发做了示范，埋了种子，可视为长城汽车发展史上迈出自主研发步伐的第一步。

除硬装备之外，长城汽车同时大力布局人才结构，持续引进高端人才，高薪聘请一批得力技术干将，并和几个科技所建立了合作关系。

既然决定了造皮卡，公司便不惜成本购进了市面上较为先进高端的日系皮卡，管理层更是每日亲临车间，和工程师、技术人员一起，进行实打实的拆解、观摩、研究和学习。

在皮卡的底盘[1]系统和其他零部件的供应链完备期间，长城汽车

---

[1] 底盘：汽车底盘是一个零部件支撑和动力启动系统，由传动系、行驶系、转向系和制动系四部分组成。

又面临着另一个挑战，即组建铺设皮卡生产线。原有的汽车组装生产线，已显得设备简单、工艺落后，且年产规模仅两千辆，无法满足未来的生产需求。

经过测算和考量，改革组建起完整的、符合需求的皮卡生产线，至少需要两年时间，投资不低于五千万元，对于当时总产值不到两亿元，且亟需短时间内完成转型的长城汽车而言，等不了两年，也无法一下子拿出五千万元。

为了节约开支、缩短工期，魏建军决定带领大家亲自动手。高层们以战士般的激情，日夜驻扎在施工前线，以身作则带领工人们全力奋战。在这种感召下，生产线的改装铺设相当顺利，最后只用了两千万元和四个月的时间，便完成了包括总装、涂装、焊装等多种工艺的三条生产线。长城汽车全新的皮卡生产线铺设安装完毕，年产量可达一万辆。

从政策受限，到出国考察后决定生产皮卡，再到四处寻找合作资源，长城汽车闯出了一条资源整合和产业链重组之路。

1996 年 3 月 5 日，第一辆长城皮卡缓缓驶下生产线。

1996 年 3 月 31 日，在长城汽车的总装车间，举行了长城皮卡的上市仪式。

第一辆皮卡被命名为长城迪尔皮卡。迪尔来自英文"Deer"的音译，这一命名寄予了长城人对它的美好祝愿和期待。迪尔皮卡代表了长城汽车的新希望。恰逢人间四月天，长城迪尔皮卡以轻盈自在之姿，一跃而入汽车工业丛林，自此，长城皮卡家族开始一一入列，然后引领长城汽车，展开属于它们自己独特的汽车丛林之旅。

第四章

第一个全国第一

从第一辆迪尔皮卡下线，到第一批汽车进入中东市场，长城汽车只用了一年半的时间。与此同时夺得全国销量冠军，也只用了两年多的时间。正如长城皮卡的英文名称是"亲爱的"那样，长城汽车和它的皮卡，都成为了市场的宠儿。

后来居上的民营企业

如果把 20 世纪 90 年代中期国内汽车制造企业看作是一架飞机里的机组人员，那长城汽车就是一位极其优秀的机长，公司无所畏惧的冒险精神、担当以及责任感，每次都是在巨大的压力之下被成功激发了出来。

长城皮卡精准快速地进入市场，展现的是长城汽车自身极高的责任感和使命感，长城汽车的企业文化，高度推崇过硬的知识、专业素养、决断力和面对复杂状况时的冷静与勇敢。正是基于此，长城汽车才能成功躲过空中的强电流、雷击甚至冰雹。在一次次地盘旋、俯冲、跃升之后，公司得以冲出云层，见到晴空，继续漂亮地向前方飞驶。

在推出皮卡之前，魏建军已经给这款新车做了相当精准的市场定位。当时市面上的皮卡车或是售价高昂的引进型，售价在 10 万元以上；或是低端粗制的作坊型，售价在 5 万元以下。然而，那个时候，我国大多数家庭的年收入集中在 3 万至 10 万元之间。这就导致在国外极受欢迎的大排量、大体积、大空间的皮卡，在中国市场表现得并不突出，从而没有得到汽车制造厂家应有的重视。皮卡的光芒一度被遮盖。

当时的中国，已经确定了要发展社会主义市场经济，对内改革和对外开放成为一项长期的基本国策。政策放开之后，市场经济先行的东南沿海地区，各行业各领域都纷纷活跃起来，小企业主如雨后春笋般涌现。这些带活了沿海经济的小企业主的起步资金往往算不上充裕，都是从小本生意做起。对于他们来讲，外出办事、合作谈判、拉运小宗货物，再加上自己家庭平时的需求，都需要一辆车子来满足，而当时民间较为普遍的摩托车，显然不具备以上所述的各项功能，轿车又显得过于昂贵且不实用。他们首选的一定是实用性强、性价比合理的汽车。

此外，改革开放后我国大力发展公共交通，铁路、公路等运输体系迅速铺设，如同三十多年前的美国一样，整体交通运输结构发生了变化，不管客运量还是货运量都得到了极大的提升。此前我国汽车工业重点发展重型货车和中型货车，并没有过多投入轻型货车的研发。随着大经济体的细化和分化，市场对轻型货车的需求量与日俱增。皮卡正属于轻型货车中既灵活又用途广的一类车型。一款功能多、性能好、性价比高、能满足社会发展需求的皮卡呼之欲出。

基于对以上大环境下客观事实的理性分析，魏建军判断，中档皮卡在当时的中国汽车市场还是一个空白。公司认为，长城皮卡应该走自主开发型路线，定位为中档档位，定价在6万元至8万元左右，目标客户为小企业主和个体户。精准的市场定位，清晰的目标客户群体分析，质量扎实的产品，使得长城迪尔皮卡一经推出，便大受欢迎，其优异的质量、良好的性能、新颖的款式，在市场上反响热烈，可谓是一炮而红，顺利打开了市场。

长城皮卡最早投放的市场均在广东、福建、浙江、山东等中国东南沿海一带经济较为发达的地区，并从这一带逐渐推广开来。正如魏建军所料，长城皮卡的第一批客户，就是当时纷涌而起的个体商户和私营小企业主们。

1996年，长城皮卡上市当年产销量达1300多辆。在1995年决定投产皮卡时，公司曾确立了年产销2000辆的目标，虽然离这个目标还有一点距离，但长城汽车总算在狂风中站稳了脚跟，在皮卡这一夹缝市场中立下了一面旗帜。

同年，田野汽车年产可达5万辆的新厂区已经建成，称为田野第二汽车厂，该厂从设备、工艺、规模上都堪称国内皮卡企业的龙头老大，田野汽车的职工人数也从 3000 多人扩展到了 9000 多人。田野集团正处于鼎盛时期，主要精力都放在如何扩大化生产、提升产能上面。长城汽车强势跻身皮卡这条赛道，开始摸索属于自己的路子。田野集团也按照自身的发展状况和对市场的理解，积极寻求突破。此时的田野仍然没有太把长城放在心上，毕竟 1995 年田野皮卡全年产销量达 6000 多辆。对于此时的田野来说，加速扩张、乘胜追击、继续攻占皮卡市场才是要紧事。

1997 年，长城皮卡年产销量达到 1700 多辆。相比上一年，有了明显增长。但对于这一成绩，长城汽车自身并不满意。这一年，国内皮卡市场整体销售量不足 3 万辆，而美国的皮卡共售出 270 万辆，就连泰国，皮卡汽车的销量也有三四十万辆。相比之下，中国的皮卡市场真的太小了。怀着迫切发展的心态，魏建军一边继续天南海北地调研学习，为长城汽车寻找其他新的可能性；一边加大皮卡车的投入，精工细作，不断提升性价比，铺设全国代销网络，进一步在市场上站稳脚跟。

1998 年，长城皮卡终于迎来了大逆袭时刻，年产量飙升至 7000 辆，当年全国皮卡市场产销量为 3 万辆，长城汽车一举成为当年皮卡市场销售之冠，拿下了第一个细分领域全国市场销量第一。

长城汽车转产皮卡之后的市场成绩人们有目共睹，作为民营车企里的翘楚也赢得了各方赞赏。尤其是南大园乡政府，他们完全不敢想象，这家曾经的乡镇小厂，竟然能做到连续两次逆势翻盘。第一次危机的时候，乡政府也许相信公司能够走出困境，但绝对没有料到走出困境的长城汽车会继续一往无前，最终发展成了一头"巨兽"，且实现了质的突破。在保定乃至全国的汽车制造企业中，长城汽车用实实在在的成绩说话，交出了一份令人屏息惊叹的满意答卷。

1998 年 4 月，长城汽车迎来了新的变革。南大园乡政府对长城工业公司进行了一次资产分配，授予魏建军长城工业公司 19.87% 的股权，同时，根据当初双方签订的第二份承包合同，魏建军获得自 1994 年起累积应得酬金，为 10% 的税后利润，总金额约 214 万元。魏建军没有拿这笔钱，而是将它转为长城工业公司 5.48% 的股权。由此，魏建军在长城工业公司的持股比例达到了 25% 左右。南大园乡政府授予乡财政持股 65% 左右，另有 10% 的股权是作为职工股。

恰逢国家大力推进企业改制计划，包括国企和乡镇企业在内，改制后的企业经营管理模式将能进一步释放生产力，更适应市场经济体制的发展需求，有利于深化和推进改革开放。

于是，长城汽车的改制计划随之提上日程。此时，正值天时地利人和之际，整个改制过程进行得顺利而平静。1998 年 6 月，保定市体改委批准了长城汽车的资产分配方案及改制方案。自此，长城工业公司正式改制为长城汽车有限责任公司，长城汽车集团诞生。

轿车时代

20世纪90年代末，对于中国人而言，又是一个风云激荡的新阶段。中国内陆经济发展如火如荼，掀起了一波又一波新浪潮。市场经济体制下，人们的生活越来越多地被商业活动所影响，中国的整体发展还处在探索中。

1997年，亚洲金融危机的爆发给中国经济带来了一波强力冲击，短暂的震荡之后，给人们留下了一些可供借鉴的经验和教训。历史车轮滚滚向前，新世纪身姿隐现，款款而来。

1998年，长城汽车已将过去的阴霾与危机远远甩在身后。彼时在国内的民营汽车企业发展领域，李书福的吉利集团，摩托车年产销量已突破35万辆，但他始终没有忘记自己内心的汽车梦，一边经营摩托车业务，一边四处探访汽车市场，寻找进入的机会。

1997年，一次偶然的机会，李书福获知四川省德阳市某汽车厂有生产经营权，便与其合资成立了吉利汽车制造有限公司。1998年8月8日，在浙江省台州市临海市某工业园区，第一辆吉利汽车顺利下线。虽然整个研制生产过程极其低调，但李书福此刻的心情无比激动。为此，他事先筹备了一场下线仪式，发出去700多张邀请函，摆了100多桌宴席。然而，下线那天，却只有一位嘉宾来捧场。这是因为吉利汽车不在汽车行业管理目录上，也就是说，吉利汽车虽然有了汽车生产资质，但同长城汽车一样，没有轿车生产资质。李书福生产的吉利汽车，只能叫做小客车。同为民营企业汽车生产商，面对同样的难题，长城汽车和吉利汽车采取了不同的解决方式。

长城汽车选择暂时放下轿车梦，当公司以飞行员的姿态，身坐机舱，紧握操纵杆，果断转变航向，由轿车航道成功转向了皮卡航道时，李书福的苦闷却是真实可触的。李书福不打算就这样放弃，他只想造中国独立开发的轿车，造老百姓买得起的轿车。为此，李书福日夜奔忙，马不停蹄地走在寻找希望的路上。很快，整个台州甚至整个北京都知道吉利集团的李书福在做着"轿车梦"，有媒体甚至称李书福为"与风车搏斗的人"。对此，在1999年，李书福曾借一次领导来吉利集团视察的机会，向领导公开提案也向社会公开回应：请国家允许民营企业家做"轿车梦"。"我不怕失败，怕的是连失败的机会也没有。"

1999年，距离吉利汽车拿到轿车"准生证"，还有两年时间。距离长城汽车拿到轿车"准生证"，还有八年时间。

1999年的长城汽车，在顺利完成企业改制之后，仍然集中火力在皮卡的研发制造上。当年，长城皮卡以更加迅猛之势，取得年产销13000辆的成绩，在全国皮卡市场52000辆的销量中，占据25%以上的份额，稳坐第一。但长城汽车岂会止步于此。1999年，中国大陆汽车总销量接近172万辆，其中轿车销量约为54万辆，皮卡5.2万辆。相比之下，皮卡的确是夹缝市场。不过，魏建军的内心深处，也并不满足于只造皮卡，他的造轿车之火未曾熄灭，对汽车科技的自主研发也从未停下脚步。

这一年，南大园乡政府继续以800万元的价格，将长城汽车21%的股份转售给魏建军。至此，魏建军在长城汽车的持股比例达到46%。这一较高的持股比例，在当时的民营企业中并不多见，人们在唏嘘之余，对魏建军的个人能力更加寄予厚望。

对于轿车的生产，当时国内依然有着较为严格的规定，汽车行业内重点扶持的轿车生产企业仍然是"三大"：一汽集团、东风汽车、上汽集团，和"三小"：北京吉普、天津夏利、广州标致。其他的车企想要获得轿车生产资格，有两条路径，一是以自身的条件直接申报，直到申报获批为止；二是寻求合作，找到有轿车生产资格证的车企，合作生产。路是有的，但是，在整体权衡之下究竟选择哪一条？选择之后怎么走？能不能坚持下去？对于民营车企而言，不管怎么选择，挑战都不会少。最要紧的，是时间。时间不等人，在瞬息万变的市场，不想坐以待毙，就得主动出击。

1997年，中法合资的广州标致因亏损严重，被丰田收购，退出市场。也是从这一年开始，轿车被允许私人购买，开始走进寻常百姓家。这意味着轿车市场将迎来一轮大爆发，这次爆发将是持续和深远的。同年1月，奇瑞汽车股份有限公司在安徽芜湖成立；3月，上海通用公司成立，成为当时国内最大的汽车合资企业；6月，广州汽车集团有限公司成立。

1998年7月，在广州标致被收购并重新整合之后，广州本田汽车有限公司成立。

1999年12月28日，第一辆奇瑞轿车低调下线。

中国汽车行业进入万马奔腾的时代，日新月异，千变万化，令人眼花缭乱。在当时，跟动辄投资数十亿甚至上百亿的大车企相比，长城汽车的力量显得很是渺小。但如果长城汽车跟以前的自己相比，还是能发现公司的增长是爆发式的。不管是营收规模，还是人员规模，都在迅速提升和扩张。短时间内的快速发展，也带来了新的挑战。从某种角度讲，有挑战意味着有活力。如今，皮卡这步棋已经走出，下一步棋要怎么破局？

摆在长城汽车面前的问题，除了如何做出更好的产品，如何继续开拓市场，如何进军轿车领域，还有如何做好管理，如何使越来越壮大的长城集团在生产、管理、运营等各个层面都进入正规化运作，直至建立起一个最适合长城集团的最优化经营管理体系。带着对这些难题的思考，长城汽车继续走在探索的路上。

向丰田学习

1894年11月6日，在日本静冈县吉津村，一个小男孩出生了，他是家中长子。男孩的故乡盛产木棉，纺织业发达。男孩的父亲丰田佐吉，时年27岁，是一位公认的发明家，也是一位积极的织机改革家。在儿子出生的四年前，丰田佐吉就已经拿到了自己的第一个人力织机发明专利。儿子出生这一年，丰田佐吉还是日本三井财团的一位职员，也就在这一年，为了实现对自动织机深入研究的心愿，他辞职赴美，专心学习考察。归国后，于1897年成功研制丰田织机，并于1906年成立丰田织机公司。公司成立时，他的儿子12岁。

儿子慢慢长大，丰田织机公司的业务也在不断扩大，丰田佐吉仍没有停止对更先进织机技术的研发。在儿子23岁那年，丰田佐吉将儿子送入东京帝国大学攻读工学系机械专业。此举是为了公司的未来发展着想。丰田佐吉的原意或许是希望儿子在专业知识领域深造后，继承他一手创办的丰田织机厂，将这份家族事业持续发扬光大。于是，男孩毕业后即回到家族企业任职。

此后事情的发展超出了丰田佐吉的预料。契机发生在1929年，儿子受命去英国办事。事情办完之后，他却流连欧美达半年之久，半年中，他着魔一般了解当地的汽车发展状况，体验各式各样的汽车，参观多家汽车制造企业，然后带着投身汽车产业的决心归国了。确实，事情发生了一点点偏差，但不是朝着坏的方向，而是朝着一个意想不到的、更为辉煌的方向。正是因为这一点点偏差，孕育了不可道的机缘，穿越了将近70年的时光，在这个世纪之末，照亮了中国一个年轻人的脚下之路。

1930年，丰田佐吉去世，留下一家发展正盛的织机厂，但他的儿子已经打定主意投身汽车行业，为日本普通百姓研制、生产买得起的汽车。1933年，从自己父亲留下的织机厂的一个仓库的一角，他开始了自己的汽车制造事业。1937年，丰田汽车工业公司成立。1938年，丰田汽车公司的工厂在日本爱知县举母市竣工，举母市也即现在的丰田市。扎根于此后，这位汽车痴迷者从这里开始了与汽车相伴一生的旅程。这个人，就是日本丰田汽车公司的创始人，丰田喜一郎。

在丰田汽车成立之初，世界汽车工业正处于高速发展期，汽车工业的重心逐渐从欧洲转移到美国。汽车组装流水线的推广，极大提高了生产力，促进了汽车产业规模的扩大。美国的福特汽车、通用汽车和克莱斯勒汽车三大汽车巨头应时代而生，引领着现代化汽车产业的发展。

丰田汽车最初的产品研发即对标了欧美汽车市场，无论是德国的宝马、奥迪，英国的路虎、劳斯莱斯，还是美国福特、通用，只要有好的产品，丰田喜一郎都不会放过学习研究的机会。虽然在汽车行业完全属于新手上路，但丰田喜一郎对日本汽车产业的发展充满信心。他内心希望为日本老百姓造出物美价廉的好车，他认为，汽车应该是日用品，是为生活服务的，而不是所谓的奢侈品。

凭借父辈积累的丰厚家族资本、自身敏锐的市场洞察力，以及灵活的管理机制和相当精准的产品定位，丰田汽车一步步成长为日本车企中举足轻重的存在。丰田汽车的极大成功，为整个举母市的生活带来了翻天覆地的变化。丰田汽车成为了当地人的骄傲。1952年，丰田喜一郎去世。1959年，举母市更名为丰田市。如今，丰田市41万左右的人口中，有62%都处在丰田汽车公司及其子公司的大产业链中。

1962年，在突破百万产量大关后，丰田汽车开始进军欧洲市场，紧接着，又进军美国市场。在美国汽车市场，丰田表现绝佳，除了向美国车企推广小型汽车生产技术，还专为美国市场打造佳美车系，亦大获成功。相比美国的福特和通用，作为后起之秀的丰田，所取得的成就可谓是青出于蓝而胜于蓝。在不到三十年的时间里，丰田从一个不被世人认可的状态，发展成为日本头号车企，能与世界老牌车企们在世界市场上平分秋色。丰田的成就，不可能不引起世人瞩目。

1985 年，出于对世界汽车工业蓬勃发展的浓厚兴趣，以及对各国汽车厂家经营模式和生产方式的探究之心，在教授詹姆斯·沃麦克主持之下，联合了美国麻省理工学院的几位专家，共同开展了名为"国际汽车计划"的项目。他们深入调查了世界范围内 17 个国家的 90 多家汽车生产厂家，并对它们进行对比分析，丰田汽车公司从中脱颖而出，它的生产经营模式被认定为是最适合现代化汽车制造企业，甚至大部分传统制造企业的生产组织管理模式。此举的成果，除了肯定了丰田的生产模式之外，还促成了一本专业论著的出版，即《改变世界的机器》。"精益生产方式"就是在这本书中得以定义的。

此后，一场世界范围内的学习浪潮掀起，"精益生产方式"逐渐成为一种经典管理模式，影响范围极为广泛。

中国在 20 世纪 70 年代末，就已经注意到了丰田汽车的优异管理模式，有管理专家曾对其进行了初步的探讨。在这种管理模式被深入研究和明确定义之后，它更加广为人知并受到欢迎，很快汽车行业内部引发了一场对于"精益生产"的持久热烈的探讨、学习、引进、模仿和融合。对于当时中国的各个行业尤其是制造业而言，在迅速发展之中，管理经验的缺乏一定程度上制约了企业的发展。此时，他们亟需一个可学习、可借鉴、可直接运用于企业之中的榜样。这时，"精益生产方式"适时出现，作为一种已经被证实过的成功管理模式，管理者们自然对其鼓掌相迎。这其中，就包括长城汽车的魏建军。

1998 年，也就是长城汽车取得第一个细分领域第一的这一年，公司规模也在随之扩大。魏建军意识到，不仅在产品上，在企业管理模式上，企业自身也要与时俱进、勇于创新。对于日本丰田汽车和其经营之道，长城汽车的管理层并不陌生，甚至更早时候公司内部就已经在研究和学习。长城汽车人的学习心得是："在制造业，日本企业做得最好，我们就应该向他们学习！做到每个环节都要精益！"

带着对日本汽车产业的敬意和好奇，1998 年年底，长城汽车的高管们赴日考察。短短几天的行程中，日本国民生活工作状态使他们大受震撼。除此之外，他们重点参观了坐落于爱知县长久手町的丰田博物馆[1]。在这座 1989 年开始对外开放的大型展馆中，他们看到了日本汽车制造者为发展日本汽车产业所做出的努力，也感受到了日本尖端的汽车科技。丰田汽车的发展史、对科技的追求、对职工的人文关怀和尊重，都让魏建军叹为观止。

经受过丰田汽车的无声洗礼之后，归国后的长城汽车人，以雷霆之速，开始在长城汽车内部推行精益生产管理模式。此后，在公司的生产经营中，长城汽车一直以丰田汽车为榜样，未曾放弃过对精益生产模式的学习和推广，直至将其融合进长城汽车的血脉中，在千百次的磨合锤炼之后，形成了独具特色的长城管理之道。

---

[1] 丰田博物馆：一座综合性展馆，坐落于日本名古屋东郊爱知县长久手町。博物馆里陈列了来自日本及其他各国制造生产的 120 多辆名牌汽车，以及各个时期的汽车生产线模型。

跨越一万辆

抓管理、抓技术、抓生产、抓销售，长城汽车投入皮卡产销以来，公司内部全员上下都参与到了整个皮卡生产体系的方方面面，每一个细节都不放过。在当时的国内市场上，皮卡依然被视为边缘产品，整体的市场规模偏小，短时间内做大做强的希望还不太明朗。为此，公司在最初两年曾一度略有悲观，短暂的动摇之后，这种情绪很快就被抛之脑后。

随着长城皮卡越来越受市场的欢迎，产销能力提高的同时，对技术和管理的要求也越来越高，长城汽车每天要面临无数个大大小小的挑战。公司的各个部门既要解决问题，又要拓展思路，企业整体左手技术右手生产，在解决问题、面对挑战的道路上一步步走向更好。

1998 年，国内汽车市场逐渐迎来皮卡的大势，皮卡的市场容量大大扩充，已经默默耕耘了两年的长城皮卡，这一次终于踩准市场发展步伐，赶上了这一波潮流。顺势而为下，长城皮卡一举拿下当年的销售冠军。之后，1999 年，长城皮卡继续领衔这一细分市场，这一年，长城皮卡年产销突破 10000 辆大关，达到 13000 多辆。

1999 年 10 月 28 日，长城汽车在自己的厂区内低调地举办了一场特别的仪式，即长城皮卡第一万辆下线仪式。此刻应该是每一个长城人都与有荣焉的一刻。短短四年，长城皮卡的产销量翻了不止十倍。除了销量的连年翻番，长城汽车的综合实力也大有提升，在年度销售收入、市场占有率、回款率等各项指标上均名列前茅。

　　从此，只要提到皮卡，人们就会想到保定市的长城皮卡。从这一年开始，长城汽车才算站稳了脚跟，真正开始参与进了中国汽车产业群雄并起、逐鹿中原的现代化历史进程。在中国汽车产业史上，长城汽车留下了自己的名字。

　　回首当初，1995年，当长城汽车下定决心进军皮卡市场之际，没有人会想到四年之后，长城皮卡会取得如此引人赞叹的成绩。长城皮卡出名了，围绕长城皮卡的分析和研究也多了起来，不仅媒体对这家建于保定市这座小城的汽车厂充满好奇，就连汽车行业业内人士，也纷纷开始向长城汽车学习。外界十分好奇，四年间长城汽车究竟做了什么，才能够让企业以迅雷之势冲出重围、化解危机、再度翻身呢？

　　1995年，长城汽车做的第一件事，不是急匆匆投入生产，而是冷静下来，先对皮卡这一细分领域进行深入的市场调研，对比上下两端产销状况，完整掌握皮卡市场整体发展现状，准确判断这一市场未来发展的大趋势。基于此，对比自身的生产条件、硬件软件设备，制定出一个相对合理的生产目标，投入生产。产品上市后，再根据市场反应及时调整目标，快速跟上消费需求。为了实现皮卡产销规模的扩大，在长城汽车内部的产销流程配合、营销模式和生产资源配置上，公司进行了大刀阔斧的改革。

　　魏建军对汽车十分痴迷，因此对产品的研发制造有着近乎苛刻的追求。当公司决定造皮卡的时候，就定下了从源头下功夫，对标进口皮卡和国际水准的发展方向。在技术层面，公司的员工更是沉下心来打磨，处处精工细作。他们秉持精雕细琢、精益求精的理念，抓微观质量，从细节处巧妙布局。这种追求尽善尽美的发展理念，锻造了长城皮卡的高品质，使得长城皮卡的整车质量一直维持在一个较高的水平，并于1998年在一众国内皮卡生产厂家中率先通过了ISO9000国际质量体系认证。

　　一向以高品质示人的长城皮卡，在数十家品类各异的皮卡产品中脱颖而出，凭借其过硬的质量，迅速在用户中积累了良好的口碑。一个产品，一旦形成了口碑，就会在用户和市场中形成口口传播的广告效应。这种广告效应将提升市场对长城皮卡的好感和满意度，吸引新客户，进而带动新的销量，形成一个以产品品质为核心基础的产销链的完美良性循环。

在狠抓品质的同时，长城汽车对原有生产品类进行了大力整合，以集中火力在皮卡的生产上。投产皮卡之前，长城汽车还是以改装多种类型的轻型车为主，在厂区内的生产线上，包括皮卡在内，有多达四大系列的十二个改装车品种投入其中。品类虽然不少，但当时没有一种在市场上形成气候。魏建军在充分思考后，做出一个颇具魄力的决定：要专注在皮卡生产上，集中精力走专业化道路，为此，必须砍掉生产线上的其他十一个品种。

有舍才能有得，有所不为才能有所为，道理人人都懂，但落实到具体行动上，能做到壮士断腕的人少之又少。长城汽车做到了，事实证明，正是这一举动，给皮卡的研发制造释放出了极大的空间，长城所有的资源和生产力都集中在皮卡的生产上，强力助推了长城皮卡走上产销量的冠军之路。认清自身实力，放弃全面出击的战术，长城汽车以专业化精准化的姿态，最终取得了在皮卡上的突围。此举体现了长城汽车独具特色的战略思维。战略性思维引导战略性布局，在此后长城汽车的某些关键时刻，公司整体的决断力和大气魄亦有展现。

生产线集中了，好的皮卡产品也有了，下一步就是如何打开市场，再之后是如何拓宽销路。长城皮卡上市之初，定位中档车，意在以较低的价格敲开市场的大门。长城汽车转产皮卡之际，营销团队跑遍了全国市场，一家家寻访代理商，一步步建立渠道。

异常的艰辛，带来了丰厚的回馈，随着长城皮卡产销量的连年翻番，长城汽车在营销服务上也不断创新。用了四年时间，长城汽车逐步建立起一个完善的营销服务网络，营销服务网点多达两百多家，并借鉴轿车的品牌专营店销售模式，建立了一百多家专营店。这两大网络覆盖了全国绝大多数省、市和自治区。长城汽车营销服务和销售模式不断充实和创新，逐渐摸索出了一套营销法则。

就这样，长城皮卡引领长城汽车，一步步攀向高峰。几年的发展过程中，长城汽车规模不断扩大，从只有一条生产线到拥有两个整车生产基地，成为国内皮卡生产厂家中规模和产能最大、独立配套最齐全的品牌。魏建军在收缩品类的同时，主张扩充皮卡单品的品种。要想做大做强，得先做深做精。由此，长城汽车开发了两大系列、近四十余种皮卡车型，以适应市场多层次的用户需求。

作为一家民营车企，长城汽车一直保持适当的危机感，坚持独立自主，靠自己的努力打下一片天地。在这场皮卡的竞赛中，长城汽车避开了与大型车企在正面战场的直接竞争，充分发挥了自身的优势，在皮卡这条赛道上一马当先，冲出重围。

走出国门

20 世纪 90 年代，我国汽车总销量一直处于上升趋势，从年销量几十万辆上升至将近两百万辆。在不断扩大的市场规模中，皮卡仅达到三五万辆的年销量，在我国整体汽车市场中显得有些落寞。

由于各种原因，中国内地皮卡市场一直没有完全打开，皮卡在国内还没有火起来，难以形成大规模的社会影响力。就市场规模而言，对于城市市场，当时全国各大城市都对皮卡实施了严格的限行政策，导致皮卡进城困难；对于农村市场，由于价格原因，皮卡竞争力薄弱，难以打赢更便宜的农用车和其他微型车。皮卡这条赛道是真正意义上的夹缝赛道，如何拓宽市场，是魏建军当时所面临的众多难题中最紧迫的一个。

对于企业而言，产品上市后，为保证销量，需要不断地开拓新的渠道，拓展市场空间。对于长城汽车而言，国内皮卡市场规模一眼望到底的状态，使公司不得不转换思路，去积极开拓另一个市场，即海外市场。实际上，汽车工业原本就是一个具有全球化属性的大产业链，汽车也是一种天然具有国际化属性的产品。最重要的是，皮卡在国际市场上的表现相当优秀。

自 20 世纪 50 年代起，皮卡进入规模化发展，很快成为了全球汽车市场畅销车型之一。仅在美国，皮卡每年的产销量就达到三百多万辆，在日本也有近百万辆的年产销量。在亚太地区，皮卡在东南亚、中东地区的销量也持续增长。其中，泰国的皮卡年销量更是达到三四十万辆，如果加上马来西亚、菲律宾、印度尼西亚等国，皮卡在东南亚一带的年销量接近两百万辆。除了东南亚，中东、北非、西亚一带对皮卡的需求量亦随着全球经济的普遍性增长而增加。这样一个庞大的市场，自然引起了全球诸多汽车生产厂家的关注。

由于这些地区自身能力的限制，难以形成强大的自主品牌，这就给了其他国家进军的机会。从 20 世纪 80 年代以来，借助地理位置等优势，日本在整个亚洲汽车市场一直处于绝对领先地位。欧美车企也不甘示弱，福特、通用、宝马等，纷纷从皮卡入手，开始往东南亚和中东等地区出口整车或投资建厂。此时的中国，汽车工业日趋成熟，自主品牌纷纷蓄力。对于世界范围内的汽车产业链的参与，中国开始变得积极和主动。加之东南亚、中东地区的进口关税普遍较低，这为中国皮卡的出口带来了机遇。

我国第一个出口皮卡的汽车制造厂，同时也是第一个引进和制造皮卡车型的汽车生产厂家，是保定汽车制造厂，即田野汽车。早在 1994 年到 1996 年期间，田野汽车就已经开始有计划地组建自己的进出口公司，向中东等地区出口皮卡。后来，随着田野汽车的衰落，田野皮卡的出口状况也不容乐观，直至其重组为中兴汽车之后，才逐渐复苏。

盛衰各有时。1996 年从皮卡赛道杀出重围的长城汽车，几乎是在长城迪尔皮卡推出的同一时间，就开始布局自己的海外市场。1997 年 10 月 12 日，第一批长城迪尔皮卡顺利出口中东地区。以中国当时汽车工业整体发展水平而言，能成功出口海外的汽车品类，不仅代表着公司的实力和发展潜力，也表示这一品类的汽车拥有相当优异的品质，可以与日系皮卡和欧美系皮卡展开竞争。

1997 年，恰如黎明时分日光喷薄而出那一刻，长城汽车进军国际市场的目标顺利实现，率先走出了国门。当年其整体的汽车年产销量亦快速增长。此后二十余年，长城汽车持续保持昂扬的姿态，在海外拓展之路上高歌猛进，走得更快更稳了。

据记载，在长城皮卡出口中东市场初期，迪尔皮卡在国内的定价在六万元左右，出口到中东之后，加上运输费和百分之四的关税，售价比在国内仅高出不到三千元。而当地同类型皮卡，一类是进口日系等高端皮卡，售价往往是迪尔皮卡的两倍之多；另一类造价低廉，质量和性能远不如长城迪尔皮卡。相对优惠的价格和优异的品质，让长城迪尔皮卡在综合性价比上拥有了绝对优势，长城皮卡很快受到了当地用户尤其是个人用户的喜爱。

从中东地区开始，长城汽车一举成功打开了海外皮卡市场的大门。长城皮卡的出口量也从最初的几百辆猛增至 1999 年的近两千辆，出口国家和地区的名单也一再拉长，从中东，到东南亚、西亚，再到澳洲、北非、俄罗斯、东欧等地。为了维护海外市场，长城汽车在打开一个地区的市场大门后，会随之开始在当地建立稳固的营销网络以及高规格的专卖中心，以优质的服务和良好的形象，在世界各地赢得口碑，收获可持续经营发展的资本和环境。

如同一股来自东亚的龙卷风，代表着中国汽车产业新势力的长城汽车，拉开了自己走向世界的序幕，在中档皮卡市场上扩展了销售空间。其后，中兴、扬子、一汽等一些实力较为雄厚的自主品牌，也先后投身皮卡出口大军行列。在与丰田、福特等世界级大品牌的正面交锋中，它们并没有落败，这在无形之中为我国的自主汽车品牌树立了榜样，增添了信心，积累了经验。海外市场的稳定增长，同时给我国国内皮卡领域的生产制造注入别样的希望，成为我国皮卡车能够迅速发展起来的一股不容忽视的助推力。

什么时候能像宝马和奔驰一样，我们长城的汽车也能奔跑在全世界的大街小巷？这既是长城汽车的疑问，也是公司的心愿。长城汽车从未否认自己有着征战全球的野心，也从未放弃在海外市场攻城略地的努力。长城汽车是为民族而生，也是为世界而生。它值得被全世界人们所熟知和喜爱。带着这样的期待，长城汽车继续行驶在自己的征途上。

第五章

合资、重组与垂直整合

　　凭借皮卡的性价比和市场优势，长城汽车进入了一个高歌猛进、迅速发展壮大的阶段。长城汽车自身开始更多地探索企业管理及可持续发展之道，比如扩充经营品类、寻求合资重组等。在艰难的探索之路上，经验与教训依旧交错出现。

耕耘"田野"，却被华晨闪电"收割"

1997 年，电视机在中国大陆已经普及，城乡居民几乎家家户户都有了电视机。那时，皮卡市场在内陆仍旧处于初始萌发状态，"四万八千八，田野开回家"是当年人们每天晚上在中央电视台黄金时间段可以看到的一则广告的广告词。这则广告给人们的印象深刻，无意间给大众普及了某些关于皮卡的认知。

这则皮卡车广告背后的企业，就是保定市的田野汽车。田野汽车花重金在央视打广告，究竟是繁盛之景的锦上添花，还是沉没前夜的最后一搏呢？

1996 年，长城汽车进军皮卡市场之际，田野汽车正处于全盛时期。作为保定市老牌重量级车企，田野汽车在国内皮卡市场一家独大，不仅坐拥年产 5 万辆皮卡的新厂区，还被列入河北省 22 家重点发展的大型企业之一，在资金和技术支持上都得到了极大的扶持。因此，当得知长城汽车转产皮卡的决定时，田野汽车并未感到有丝毫威胁，它手握一把好牌，以必胜的信心，继续朝着未来前进。

1996 年，长城皮卡开年售出 1300 辆。这个时候，田野汽车开始注意到长城汽车，毕竟长城售出了多少辆皮卡，田野就损失了多少销量。然而此时，田野汽车仍未将长城视为主要竞争对手，当然，这也不排除有另外一种可能，即田野虽然感受到了长城的威胁，但它已经在极速扩张的路上无法回头了。

田野汽车于 1995 年在市场取得年销量 6000 辆的佳绩之后，开始了扩张之路。5 亿元资金的投入，新厂区年产量要达到 5 万辆，这些都展现了田野的扩张冒进之势。然而，田野高估了国内皮卡市场的发展速度和未来几年的市场规模，在战略布局上出现了冒进性失误。直到 1999 年，全国的皮卡年销量才突破了 5 万辆。这种情况下，田野盲目扩大规模，大规模投入资金，造成了后续发展乏力，研发投入减少。再者，当时的国产皮卡在汽车市场上仍旧属于边缘车系，并非主流高价位汽车，田野皮卡走的也是中低档路线，一辆 8 万元左右售价的皮卡，跟轿车相比，利润只能算是微薄，皮卡车的整体投资回报率并不是很高。田野的资金回流远远无法填补扩大规模所投入的资金。

在资金流越来越吃紧的状况之下，田野汽车还背负着另外一层责任。当时田野属于效益较好的大型盈利企业，根据帮扶政策，田野接收了几批员工，人员规模由 3000 人扩大到了 9000 人。种种因素导致了当时田野整个局面的压迫感，一方面，巨大的投资投了进去，新厂房建起来了，却并没有带来期待中的高额回报；另一方面，迅速扩大的企业规模，对企业的管理运营带来挑战的同时，也从人员开销上带来了沉重的包袱。

20 世纪 90 年代末，中国的汽车市场瞬息万变。1998 年，长城皮卡以 7000 辆年产销量登顶，田野汽车才真真切切感受到了寒意的来临。这一年，由于负债沉重、资金周转困难，田野皮卡的年产销量竟不足 3000 辆。长城皮卡突然间的崛起，使田野汽车深感困惑，他们可能知道自己哪里出了问题，但却不太清楚长城赢在了哪里。为了稳定大势，不至于使自己辛苦打下的市场被长城完全占领，田野汽车决定降价销售，早于 1997 年，便开始在央视黄金时间段打出自家皮卡车的广告。

20 世纪 90 年代末，中国人民已经基本解决了温饱问题，开始一定程度上讲究生活品质。皮卡车虽比不上轿车，但对于集团、企业而言，也是一个不小的开支。人们都希望在可接受的价钱范围内，买到品质较好的车辆。

花了大价钱做广告，却没有挽回市场颓势，连广告费的成本也难以收回。田野只能继续沉没下去。从 1998 年开始，有行业媒体预测保定市的田野汽车和长城汽车这两大车企将要合并重组。从保定市政府的角度来考虑，同在一个市区，都是汽车企业，虽然一家是国企，一家是民企，但不是没有合并的可能。最好的结果就是两大车企优势互补，继续打造保定市汽车产业龙头企业。

1999 年，全国范围内的经济体制改革持续深化，东南亚金融危机[1]跌至谷底，中国经济增长速度已连续 7 年下跌，物价走低，居民消费水平下降。这一年，处于转折期的中国经济，面临的挑战复杂多样。受宏观环境冲击，许多汽车企业整体年产销量并不可观。其中，田野汽车的状况更加堪忧。

这一年，田野皮卡的产销量不足 3000 辆。面对一流的皮卡生产基地，面对崭新的厂房、崭新的设备、崭新的生产线，田野却无车可造。3 年前立下的年产 5 万辆的豪言犹在耳边，此时厂区已建，处处崭新，却显得格外空荡而落寞。

1999 年，在挑战丛生的大环境下，长城汽车继续保持了皮卡赛道的年产销量第一，13000 辆的战绩殊为可观。长城汽车厂区内，预设年产量 10000 辆的生产线超负荷运转，依然供不应求。

此前面对田野皮卡率先以降价为手段保住市场占有率时，长城汽车也曾短暂焦虑，魏建军经过多番讨论后决定迎战田野。长城皮卡售价也从 85800 元降到了 73800 元，降价幅度达到 12000 元。即便如此，长城汽车并没有降低长城皮卡的品质，因为"品质第一"一直是长城

---

[1] 东南亚金融危机：又称亚洲金融危机，指发生于 1997 年的一次世界性金融风波。这场金融风暴始于泰国，波及范围涉及马来西亚、新加坡、日本、韩国、中国等地。

汽车的基本经营原则。

眼见国内的皮卡市场日渐发展起来，皮卡需求量迅速增加，而田野汽车和长城汽车却因为价格战，给双方在经济收益上都造成了损失。保定市这两大车企激战正酣时，国内其他家车企如一汽、郑州日产、扬子、山东黑豹等已经备好粮草，相继加入了皮卡赛道。就连丰田、福特、通用这些国际品牌，也虎视眈眈，准备在中国的皮卡市场分得一杯羹。

内外夹击之下，一方面为拯救田野，另一方面也为及时止损，保定市政府在 1999 年 5 月正式出马，主持促成了田野汽车和长城汽车的第一次合并约谈。不久前，长城汽车已经完成了改制。

根据双方的经营情况和各自的优势所在，保定市政府出具了一份由相关政府部门拟订的重组方案。重组后将成立一家汽车联合集团，新集团以长城汽车为龙头，由长城投入 5000 万元启动资金。此方案立刻遭到田野方面的反对。作为一家大型老牌国企，田野汽车无法接受被长城汽车合并、主导的命运。田野希望以资产比例进行重组，由田野方面主导新集团，这一次，有了底气的长城汽车没有同意。

方案撤回之后，双方放弃了资产重组这条路。鉴于长城汽车产能有限，扩大生产力、提高产能迫在眉睫，长城汽车方面又提出，公司每年出资 3000 万元，引入长城管理机制，租赁田野汽车的新厂区，缓解田野经济效益的下滑的同时，也能解决长城汽车生产线产能不足的问题。此提议同样遭到了田野方面的反对，一方面田野认为长城的管理机制未必适合，另一方面以田野当时负债高达 4 亿元的资产状况，每年 3000 万元的租赁费用连贷款利息都不够偿还。

费尽苦心的保定市政府，第一次撮合田野和长城合并，以失败告终。此后，长城汽车决定放弃与田野合并，另寻出路；田野也并未坚持和长城谈判，只能咬牙继续坚持。

与长城汽车合并失败的田野，引起了一家金融集团的关注，它就是华晨集团。对于如何投资运营一家汽车企业，华晨已经有过成功案例。

1991 年，华晨集团注资，与沈阳金杯合资成立新公司。1992 年，华晨在纽交所成功敲钟上市。其后，融资达 5 亿元人民币的华晨，创造了金杯客车的鼎盛时代。凭借雄厚的资本和成功的经验，华晨旗下短时间内聚集了数家汽车零部件生产厂家，在汽车行业掀起了波澜。

资本实力耀眼的华晨集团，在 1999 年 9 月找到了田野汽车，承诺注资 1.3 亿元，合作成立新公司。华晨需要的是田野的厂区、设备、生产线，田野需要的是华晨的资金。短短 10 天的谈判之后，双方便火速确立了合作意向。1999 年 10 月 12 日，双方于上海签订了协议，河北中兴汽车制造有限公司正式成立。由此，田野汽车也完成了自身的企业改制。

联手华晨之后，田野汽车是否可重振雄风？这不仅是保定市政府迫切想要知道的答案，相信就连魏建军也曾对其保持观望。作为国内首家皮卡研制车企，田野汽车一路走来可谓大起大落。在前三年的连续下滑之后，他们终于跳出了体制的制约，依然心怀热情，希望将落后的功课补上，迎来如长城汽车般的世纪大逆袭。

并购重组的大格局

在田野汽车改制为中兴汽车之际，中国的汽车产业即将迎来一个重视合资、合作，重新整合资源的大时代，中国内地新兴互联网产业也在这个时候，以一种自然勃发的状态，暗暗布下了自己的生态。1998年11月11日，腾讯这一品牌在深圳注册；1999年3月，阿里巴巴网站开始正式运营；2000年1月1日，百度正式成立。可以说，当下中国互联网公司三巨头，全部都在这段时间诞生。

同汽车这一传统产业相比，互联网产业无论是在产品研发、项目管理还是创新突破上，都是一种完全不同的模式。在不远的将来，这两个早期完全没有交集的行业，将会相互融合，共同发展。

20世纪末，世界经济处于快速流动、旋转、变化之中，各式各样的资源重组、产业内整合、互助合作并行而起，汽车产业同样也不例外。身处汽车行业之中的长城汽车，在这个世纪之交，更是亟待发展壮大。凭借灵敏的商业嗅觉和超强的行动力，以一招"皮卡战术"，出其不意，横刀立马，在中国汽车产业站稳身形的魏建军，面对汹涌而至的新一轮机遇和挑战，他的压力有多大，动力就有多足。

1999年，首次突破10亿元年产值的长城汽车，有两大难题迫在眉睫。一是如何快速提高公司的年产能，解决由于产能不足导致的长城迪尔皮卡供不应求的局面；二是在稳定皮卡市场的同时，如何扩充长城汽车车谱，开发更多车型，实施差异化战略，避免因单线作战降低企业的抗风险能力。

新厂区不可能一日建成，生产流水线也无法马上配置到位；多样化车型的开发更不是短期内可以实现的。长城汽车以一贯的冷静和果断，判断着下一步棋最好的走法。

为此，当保定市政府首次提出希望长城和田野"联姻"之时，长城汽车是认可的，田野的大厂区、多条生产线正是长城所急需的，一旦拥有，生产力马上可以成倍地增长。但因诸多不可抗原因，长城汽车与田野汽车失之交臂。公司来不及过多惋惜，又开始马不停蹄地出发了。像四年前调研皮卡市场一样，长城汽车人再一次南来北往跑遍内陆市场，四处拜访、参观、考察、谈判，为长城汽车的下一步发展铺路。

此时，作为民企的长城汽车已在汽车业内享有相当的知名度，公司所面临的困境也是众所周知的。因此，当得知长城汽车与田野汽车合并失败的消息时，石家庄一家车企马上投入了行动。这家车企是石家庄天同汽车制造厂，同田野一样，是一家老牌国有企业，专业生产汽车底盘，也组装汽车。由于没有跟上市场的发展，早已气息奄奄。1999年9月，这家车企的负责人从石家庄赶到保定，提出希望可以和长城汽车在石家庄合资成立新公司的意愿。满满的诚意，让公司一时心动。

保定市政府听闻此消息，再次主动约谈魏建军，希望公司可以留在保定市内扩大生产，投资组建新公司。一个由保定市政府指导的并购方案随之出台，那就是：重组保定市高碑店市华北汽车制造厂。华北汽车制造厂曾一度加入华北汽车集团，长城汽车在投产皮卡之初，魏建军还曾到华北汽车厂参观学习。这家车企所具备的年产能不输田野汽车，成立近十年来，由于定位一直不太明确，发展极为缓慢。左右权衡之后，长城汽车最终选择了较为近便的华北汽车制造厂。保定市政府一颗悬着的心放了下来。

2000年1月18日，长城汽车首批注资8000万元，与华北汽车制造厂签署协议，成立了长城华北汽车制造有限公司，后更名为保定长城华北汽车有限责任公司。保定市政府批准了厂区扩建的请求，长城汽车的年产量增至 8 万辆。

不远处的中兴汽车，在华晨集团首批注资 3000 万元之后，暂时还未出现明显的转机，反倒是公司内部因股权纠纷而争执不断。而长城汽车已经迈开大步走在合并、合资、重组的路上。

2000 年 7 月 27 日，魏建军接待了一位从北京赶来的客人，客人代表北京旅行车制造厂，表达了希望可以与长城汽车建立合作的意愿。北京旅行车制造厂属于北汽集团[1]旗下公司，该厂也是一个老牌国企，成立于 1985 年，并于 1985 年到 1995 年间，完成了包括股份制改革和上市在内的一系列革新。在寻求与长城汽车合作之时，这家公司属于外商投资股份有限公司，日本的五十铃汽车公司，以及伊藤忠商事株式会社，为其注入了大量资金和先进技术。在这些优势下，北京旅行车制造厂却因产品老化、销售乏力、管理欠佳等种种原因，并没有迎来质的突破，而是连年亏损，已在低谷期徘徊达 5 年之久。

虽说北京旅行车制造厂是一家目前处于亏损状态的企业，但它有长城汽车不具备的两样优势，一是拥有先进的日本技术资源，二是身处北京的地理优势。鉴于此，2001 年 5 月 1 日，经过近一年的谈判和沟通，最终，长城汽车联合北京旅行车制造厂，成立了北京长城汽车制造有限公司，新公司由长城方面全面主导。长城方投入资金 8000 万元，北京旅行车制造厂所投资的则是自己的设备、厂房、土地等，折合 6000 万元。

在新公司成立之前的 2000 年年底，原来的田野，现在的中兴，经过了一年的发展，依然没有走出困境。保定市政府再一次出面，希望看到长城和中兴的联合。但此时魏建军已不再是一年前的想法，在与华北汽车制造厂完成重组后，长城汽车暂时无须再为产能发愁，中兴汽

---

[1] 北汽集团：指北京汽车集团有限公司，成立于 1985 年，总部位于北京。

车的那一套大厂区的吸引力大大减弱，加之眼前另有其他机会，公司决定不再考虑中兴汽车。保定市的两大龙头汽车企业再一次联合失败。

对于在北京成立的新公司，长城汽车抱以厚望。公司和北旅的结合，在行业内也曾引起不大不小的轰动。但不到半年时间，魏建军便意识到，这是一次错误的重组决定。除了长城汽车在北京水土不服之外，长城汽车显然也高估了北京旅行制造厂的技术潜能。痛定思痛之后，公司决定及时止损。虽然令人惋惜，但长城方还是迅速撤离了。时不我待，长城汽车又出发了，又一次寻找新的合作伙伴。之后，北京旅行汽车制造厂通过与北京双环实业总公司的重组，成立了北京北旅汽车制造有限公司，才逐渐恢复了元气。

当时，甚至在现在，对于全世界的汽车产业而言，日系车都是高品质的代名词。日系车以其在技术上的精益求精，不断完善技术细节而著称。这与长城汽车的造车精神相当一致。因此，每一次在决定是否可以和对方合资合作时，对方是否拥有先进的技术资源，是魏建军特别关注的方面。

撤出北京之后，面对中国汽车产业的版图，长城汽车的目光停在了河南省的郑州日产身上。这一次，魏建军决定主动请求合作。郑州日产是一家成立于1993年的国家级大型汽车制造企业，是日本日产集团打开中国大陆市场的首家合资企业。自从1984年允许外国车企进入中国内地建立合资企业后，日产就一直为进入中国内地市场做准备。日产为此投入先进的设备和技术，在商用车和乘用车上都做了试探。在这样的合作基础上，从车身到组装技术，郑州日产推出的皮卡车显然属于高端皮卡。

长城汽车想要跟郑州日产合作，不仅要能打动公司内部的中国方，更需要说服日方。几个月的谈判下来，虽然也形成了一个合作方案，还成立了一家新公司，但终归因为产权边界问题，僵持了一段时间之后，这一次的合作仍以失败告终。

　　从 1999 年到 2001 年，两年的时间，短暂而集中，长城汽车在合资、合作、重组的道路上不断探索、尝试、突破，失败和成功并存，欣慰和焦灼共生。虽然，汽车产业大联合大生产的模式是未来趋势所向，但这种模式实现的过程却不是一蹴而就的。所谓的合资重组，也不是简单的 1+1=2，并非你出资金、我出技术就可以产生化学反应，造就一个强大的新公司。汽车行业，乃至任何行业内，两家公司的合作都并非易事，如何为合作双方都带来收益，获得双赢，是一个至今都没有标准答案的题目。

　　这两年间，长城汽车尝试了太多个第一次：第一次并购一个大型老牌国企，第一次尝试踏上进京之路，第一次实现年产能的质的飞跃，等等。一切都是在摸着石头过河，虽然略有跌跌撞撞，却也收获了相当宝贵的智慧和经验，有一些像是破茧而出之前的努力，以排除式的方法为长城汽车的后续发展厘清了思路。

"卡脖子"逼出自主研发

长城汽车不断扩张，在合资、并购或者重组的同时，公司自身的自主研发能力也在植根、成长。

如今的长城汽车已经拥有越来越强大的品牌自主研发能力，只要确定了某一个技术或者零部件的研发方向，就能快速投入相应的资金、人员展开工作。在 2000 年左右，长城汽车最初决定加强自主研发能力，其实并不是管理层自发形成的意识，而是在发展过程中一次次与困境交锋之际，最终被逼出来的"超能力"。

在 2000 年年初并购华北汽车制造厂之后，长城汽车无暇顾及新成立的中兴汽车内部的摩擦和毫无长进的业绩，也暂不深思如何拓展自家新产品线。长城汽车年产能不足的问题已经得到较好的解决，此刻魏建军最担心的，是公司自身差一点就将在发动机这一主要零部件的供应上被卡脖子了。

当时，国内进口的内燃式发动机价格昂贵，普通的国产发动机虽然价格优惠很多，但品质和技术还比不上进口发动机，在一些细微之处还较为落后。当初准备转型到皮卡的生产时，长城汽车没少在发动机的选择上费心思。作为为整个汽车提供动力的核心装置，发动机决定了整车的安全性、稳定性等多项性能的指标，甚至可以说，发动机在最大程度上决定了一辆车的基础品质。按照性能分类的话，皮卡作为轻型车，需要的是汽油发动机。

　　一向注重产品品质的长城汽车，多年来坚持认定"要造就造国内最好的车"。带着这股劲，魏建军几乎考察了国内所有品牌的发动机，排除了种种不可靠因素之后，最终锁定了一家专业生产发动机的制造供应商的产品，即四川省绵阳新华内燃机股份有限公司的汽油发动机。

　　这家企业的发动机为当时较为流行的 491 发动机，这种型号的发动机的制造技术源自 20 世纪 70 年代的日本丰田集团，引进中国大陆后，由于其简洁的造型结构、相对低廉的造价成本，以及对多种车型的广泛适应性，很快被推广，并被多家车企所采用。

　　丰田的先进技术，在当时的中国大陆正处于绝对领先的地位，绵阳新华 491 发动机的质量显然更为可靠。因此，考察之下，绵阳新华 491 发动机最接近长城汽车对一款相对完美的发动机的要求。更为巧合的是，绵阳新华内燃机制造厂的企业精神也同长城汽车极为契合：专业做发动机，做中国最好的发动机。

　　万事俱备，1995 年年底，长城汽车确定了和绵阳新晨的供应合作关系。从此，长城皮卡的发动机的主供应商一直都是这家企业。不得不说，正是绵阳新晨独具品质的 491 汽油发动机，给了长城皮卡一路开疆拓土、大杀四方的底气。基于此，长城汽车和绵阳新晨之间的合作关系一直都很融洽。

　　事情的转折点发生在 1998 年，当年的华晨金融集团上市后，资金充盈，踌躇满志，意欲在中国大陆打造一家汽车产业内的航母式大型企业集团，包括整车制造、发动机研发制造、汽车工业设计、销售服务网络等在内，实现集团化一体式运作。当年，华晨集团找到在发动机领域稳扎稳打的绵阳新华集团，协商之后，双方合资兴建了四川省绵阳新晨动力机械有限公司。并购了绵阳新华内燃机制造厂的第二年，华晨集团便重组了田野汽车。

　　虽然田野汽车投靠华晨金融这件事没有对长城汽车的皮卡产销造成实质性的打击，但魏建军却坐不稳了。长城皮卡的发动机供应方叫绵阳新华还是新晨动力，都关系不大，但目前这一公司的控股方，正是刚刚成为自己对手的华晨金融集团。

最坏的情况，就是绵阳新晨停止再向长城供应发动机。这不是没有可能发生的事。华晨金融重组中兴汽车，有一部分考量是希望可以向中兴售出自家集团旗下的零部件供应厂的产品。这一下，长城汽车被戳到了痛点。来不及思考太多，魏建军马上奔走四方，只为解决长城汽车发动机供应问题。一番考察之后，沈阳双福冲压件有限公司进入魏建军的视野，这家公司的设备和工艺在当时都实属精良和先进，并于 2002 年改制为沈阳双福机械股份有限公司。

2000 年 5 月 28 日，长城汽车与沈阳双福冲压件有限公司合资成立了沈阳长城富桑内燃机有限公司，即今天的沈阳双福内燃机有限公司的前身。公司打算投入研发，自己制造发动机。至此，长城汽车内部悄然埋下一颗自主研发的种子。

成立了一家由自己主导的内燃机公司，长城汽车稍微放下点心，但沈阳毕竟距离较远，在密切交流合作、共同研制开发上较为不便。而公司高层比如老板魏建军，又是一名汽车迷、技术控，十分喜欢亲临一线、扎根车间。所以如此远距离操控，公司不少高层的内心都觉得不太踏实。

于是，长城汽车继续寻找更为合适的机会。机会很快就来了，2000 年 6 月 18 日，长城汽车在家门口兼并了一家公司，即保定市定兴县的中信公司。由此，保定长城内燃机制造有限公司正式成立。自此，长城汽车心中自主研发的种子，开始扎根。2003 年 8 月 15 日，长城汽车正式退出沈阳长城富桑内燃机有限公司，更加全身心专注于身边的保定长城内燃机制造有限公司。

保定长城内燃机制造有限公司完全是为长城汽车而生，公司引入国际一流的生产设备，向拥有最先进的汽车内燃机制造技术的美、日、德的车企悉心学习。在当时中国的汽车行业以合资合作车为主流、以引进技术为主导的市场环境下，长城汽车誓要自己掌握核心技术，走自主研发之路。公司坚信，只有把核心技术掌握在自己手里，才能拥有自尊。长城内燃机制造有限公司的成立，让长城汽车成为了国内自主车企品牌中，较早拥有核心动力自主研发能力的企业之一。

自从开启自主研发的新篇章后，长城汽车便一路走了下去，不再回头。

回顾世界汽车工业一百多年的发展历程，不难看出，技术的革新是其不断进步的本质推动力。任何国家的任何汽车企业，如果想要强大起来，想要在市场上保持认可度，想要不断扩大自己的经营，无一不是在自主研发、技术创新上投入大量的资金和人力。就连汽车的发明，也是科技不断发展、技术不断创新的集大成之结果。

要推动产品创新，就要掌控核心技术，美国的福特汽车如此，德国的宝马集团如此，日本的丰田集团、日产汽车等也是如此，它们都从未放慢技术革新的步伐。可以说，技术革新是一家汽车企业的立身之本，是其在市场竞争中立于不败之地的根源所在。

在拥有了内燃机自主研发技术之后，接着长城汽车又关注到了汽车底盘、车身、模具等关键零部件，如果想要系统性地进行研发创新，区区一个普通技术部显然无法满足需求，于是，长城汽车内部第一个产品开发部成立了。

就这样一步步地，从一开始的被迫创新，到后来的主动研发，长城汽车从中获得自信和安全感，逐渐建立起自身强大的技术研发能力，并从中得到锤炼，更加坚定了一个信念：造中国自己的汽车，造中国最好的汽车。

"1+1" 一定大于 "2"

2000 年，是长城汽车整改后的第十个年头。

十年树木，百年树人。如果说，1990 年的长城汽车是一株在风霜中经受考验的幼苗，那么，10 年之后的它，已经长成了一棵大树。在整个汽车工业产业里，这棵大树还没有长成参天之势，却格外地苗壮挺拔、郁郁葱葱，一派生气蓬勃的样子。

2000 年，长城汽车的年产销量再创新高，以 3 万辆的成绩继续占领皮卡品类的霸主地位。当年，国内皮卡全年产销量突破 7 万辆，较 1999 年整体增长了 60%。中国内地的皮卡市场一路向好，日益火热，长城汽车的规模也在持续扩大。魏建军曾一度担心公司超过 2000 人就会超出自己的管理能力，但现在，长城汽车的人员规模已接近 5000 人，而且还在持续增长中。

1999 年年底，魏建军以 46% 的股权占比成为了长城汽车的实际控股人，这意味着占股比 44% 的南大园乡政府将管理主导权交到了个人承包者手里。灵活的经营机制，有效的改革手段，为长城汽车的迅速发展保驾护航。

此时的中兴汽车，在被华晨重组一年之后，因内部的种种纠纷、摩擦，业绩持续下滑，始终无法翻身。华晨在首批的 3000 万元资金之后，便不再对中兴注入后续资金，中兴的经营难以为继，双方矛盾持续激化。一方欲撤资，一方欲寻找新合作方。保定市政府再度出面撮合中兴和长城，无果，中兴只得咬牙坚持。2002 年，华晨正式从中兴退出。

对于长城汽车而言，面对如此巨大的胜利，魏建军非但没有感到喜出望外，反而还有些担忧。这种担忧一定程度上源自人的本能，更大程度上源自十年风雨兼程中所遭遇的种种困境，在企业经营者的头脑中所形成的忧患意识。不可否认的是，在瞬息万变的市场中，尤其是竞争日益激烈的中国内地汽车市场中，长城汽车人的担忧是正常的。

长城皮卡这几年确实卖得不错，但现在国际国内各大车企对中国内陆皮卡市场虎视眈眈，长城皮卡的冠军宝座能一直坐下去吗？国内皮卡赛道的增长潜力还有多大？长城汽车是不是就这样一直造皮卡，一直在这条细分领域走下去？

凭着多年积累的经验，魏建军已敏锐地意识到，公司走到了又一个岔路口，需要在新的方向上寻找突破点，才能更好地应对多变的市场和无处不在的风险。那么，下一步该怎么走？新的突破点在哪里？没有人可以告知答案，等待长城汽车的，依然是一个理性的、高速运转的、只靠数据说话的市场。公司上下都知道，路都是人走出来的。此时此刻，唯有放开脚步，迈步向前。

长城汽车的未来发展方向暂时还不是很清晰，在纷乱繁多的事务之中，公司却总能抓住本质。连续几年的爆发式发展，一度给长城汽车的生产带来相当大的压力，要上生产线，要扩建厂区，各种零部件的供应链要跟得上，等等。这些切身的感性体验，尤其是绵阳发动机事件，更是让长城汽车绷紧了一根弦，要持续发展、要变大变强，不能把主动权拱手让人，不能让核心资源过于分散。因此，公司向外积极寻求与其他汽车相关企业的合资、合作、重组、并购等，向内努力拓展自身的上下游供应链体系，运用一切能动资源，走垂直整合之路。

垂直整合战略并非一套新潮的企业管理发展方法，早在 19 世纪时就被广泛运用于各行各业，尤其是传统制造业。这一战略旨在整合上下游供应链体系，保障原材料或零部件供应，稳定企业发展，扩大经营规模。是否运用这一战略，以及在多大程度上对相关资源进行整合管理，是一个公司在战略层面的调整和决定。

其实，早在发展之初，魏建军就已经具备了这种系统化发展的意识，注重整合身边的资源，走集团式发展道路。或许这是受到家族关联企业太行集团的启发。毕竟，太行集团在 20 世纪 80 年代，已经在不自觉地运用垂直整合战略，来保障企业的稳定发展。

因此，长城汽车对集团化运营的概念并不陌生，也具备一定的把控力。1992 年，在公司初步产生效益时，长城汽车就曾尝试集团化运行模式。当时，公司组建了以长城汽车为核心的河北长城集团有限公司，紧密部署了 10 多家成员企业，发展势头一度良好。

经过 10 年的储备、发展和锤炼，长城汽车管理层的领导能力和管理能力大为提升，公司也已经具备建立一个良性生态系统的基础。以长城汽车这棵大树为中心，打造一个可持续发展的内循环系统，就成了一件顺理成章的事。一个良性运转的生态系统，就如一个有树、有花、有草、有池塘、有山石的健康生态圈一般，将能打开格局，更大程度地提高长城汽车的抗风险能力，为未来的发展夯实基础。

长城汽车决定不放过每一个维度，从公司核心技术的研发、生产设备的更迭、配套零部件的生产，到营销模式的革新、企业经营理念的完善、人才机制的建立等，都纳入资源整合之中。如此，才有可能使资源得到更充分的利用，经营质量得到不断提升，以及增加公司的营收渠道，实现在系统内赚钱的盈利模式。

2000 年，在关于长城汽车未来发展战略上，魏建军主要确定了三件事：第一，引进先进管理模式，战略部署人才培养、流程建设、质量管理、品牌升级等机制，建设现代化企业集团；第二，掌握核心汽车科技，加强零部件的自主开发，提升自主研发能力；第三，在皮卡之外，尝试多种车型品类，在更多细分市场领域寻求新的突破。

经过一年的努力，到 2001 年，长城汽车的垂直整合战略初见效果，公司自给自足的供应链条正在加速完善。长城汽车通过合资、并购，成立了长城华北汽车制造有限公司、沈阳长城富桑内燃机有限公司、保定长城内燃机有限公司，不仅推进了长城规模的扩张，同时迈出了自主研发的步伐，还形成了关键零部件独立配套生产的优势。

围绕长城汽车，一个散点式生态圈冉冉生成，在此后的漫长岁月中，形成了长城汽车独一无二的核心竞争力。这样一种生态圈式的经营运作模式，在我国汽车产业自主品牌中属于创新之举。从这个角度来看，长城汽车再一次把握了主动权，走在了国内民营汽车制造企业的前列。

第六章

"中国 SUV 领导者"

进入 21 世纪后，中国的汽车市场竞争愈发激烈，层出不穷的新
车型、新概念、新玩法，给每一家汽车厂商都带来了全新的挑战。
为打破业务线过于单一的隐患，长城汽车在皮卡之外，成功打入了
SUV 新战场。同时，公司也开始按照"定位理论"，展开新的战略布局。

"前车之鉴"

在长城汽车总部大楼门前的草坪上，立着一块石碑，石碑上部刻有碑名："前车之鉴"，下部刻有警语"前事不忘，后事之师"，中间则用客观理性、不带任何感情色彩的纯描述性语气，刻着四个关于"失败"的故事。2002年，对客车行业经营特性分析不充分，盲目进入客车市场，导致客车项目经营失败，就是这四个"失败"故事中的一个。

对于长城汽车而言，能被刻石为鉴的失败事例，教训不可谓不惨痛，反思也不可谓不深刻。在21世纪初，长城汽车进入客车行业的运营事例，是一项业务的拓展，一次全新的尝试，更是令长城汽车在前进路上播下反思种子的事件之一。

2001年，对于中国而言，是极不普通的一年，申奥成功和加入世贸组织，让那一年的中国人民，自始至终都充满了一种激动和兴奋的情绪。信心一次次高涨，思路被更大程度地打开，眼前的一切看起来都越来越开阔，越来越缤纷。

这一年，《百家讲坛》在中央电视台开播，中国人民开始意识到，原来中国的传统文化、历史这么有趣，这档节目的影响力至今仍在；这一年，《指环王》三部曲的第一部在欧美同时上映，中国内地虽于次年才公映这部影片，但热情的影迷们早已通过各种渠道，一睹正片片段真容；这一年，美国"9·11"事件从心理上给沉浸在新世纪初的人们一记重击，20多年过去了，当时四处弥漫的烟尘仍未散尽，依旧缓慢而沉重地飘荡在人类历史的册页间。

这一年，长城汽车依旧在坎坷中前行，在反思中进步，不断地试错，不断地突破，试图找到新的方向，实现新的增长。2001 年 6 月 12 日，长城汽车平稳完成了股份制改制，正式成为股份有限公司。

此时的长城汽车，在皮卡这条赛道上已经蹚出了一条路。然而，除了继续深耕皮卡，将其做精做专之外，长城汽车还需要新的业务线和业绩增长点，这涉及做大做强的方向。那么，新世纪之初的长城汽车，可做的选择多吗？

21 世纪的最初几年，长城汽车所上架的车型和品类繁多，公司当时的选择看起来似乎不少。然而，在客车、越野车、SUV、CUV、MPV 等一系列名词之中，公司其实依然没有太多的选择，轿车的大门依然对他紧紧关闭。

2001 年，在历时 5 年多的等待和努力之后，吉利集团正式获得国家汽车公告，李书福的吉利汽车拿到了轿车生产许可证。这位汽车狂人带着积蓄多年的力量，终于告别了苦情和艰难的等待。自此，吉利汽车开始了一场全面的战略调整，进行了持续深入的改革，走上了正规化、集团化运营道路。

对于在安徽的奇瑞汽车而言，2001 年也是一个拿到轿车生产资质的关键之年。深圳比亚迪的王传福，也看到了汽车行业的无限潜力，面对大浪大潮，跃跃欲试。汽车行业依然潮流涌动。

长城汽车这边则不然，虽然在以轿车化的标准铺展长城皮卡的营销网络体系，但他们离真正的轿车生产运营依然隔着一道难以跨越的深水区。

在种种限制下，长城汽车继续发挥夹缝中作战的精神，选择了一种多维尝试的战略。2001 年长城汽车兼并北京旅行车制造厂，除了扩大皮卡生产外，公司也意在借助北旅的先进技术，介入小型厢式面包车的生产，虽然这场合作持续的时间并不长，但长城汽车多维尝试的脚步并没有因为与北旅的合作中止而停止。

除了小型面包车，魏建军还赴多地考察大客车的生产状况，当时中国的客车行业已有金龙联合汽车工业有限公司、厦门金龙旅行车有限公司、江苏常州依维柯客车有限公司等几个主要的大型专业客车制造企业。相对于轿车而言，客车在制造上入行门槛相对较低，也没有目录限制。这也是长城汽车选择尝试客车的原因之一。

稍作考察之后，魏建军认为，中国内地的客车市场虽然竞争激烈，但是呈现的是一个持续性增长的态势。随着我国经济环境的持续改善，公共交通系统的不断完善，公路里程的不断增长，以及各地区间人口流动性的增强，客车行业必将迎来一个持续看好的环境和机遇。

基于此，长城汽车高层通过了成立客车生产制造组的决议，一个专门负责大客车的研发制造的新项目组成立了。相比 6 年前的皮卡项目，客车项目的上马已经不再是"小米加步枪"的简易配置。这一次，长城汽车的团队经验更丰富，实力也更充足。为打开客车新局面，公司首期即投入 1 亿元资金，专门建设新厂，并引入德国先进设备，从生产到检测，兴建了全新、一流的客车生产线，准备以年产量 5000 辆的规模，强势切入客车行业。

2002 年，长城大客车在市场高调亮相，公司依然采取与长城皮卡切入市场时的类似策略，即以低价位高性价比的优势获得客户认可，迅速占领市场。"梦之旅""花之语""幻之魅""飘之韵""雨之虹""风之情"等独具中国传统特色的一系列名称的长城大客车，甫一上市，便以 6 大系列 24 个品种赚足了市场的关注。

凭借 10 余年在汽车产业内及汽车市场上积累的良好声誉，长城客车最初面市之际，一度赢得了市场的好感，不仅吸引了河北省省内各大客户的参观订购，还有山西、山东、四川、甘肃、新疆等地的客户纷纷慕名而来，并快速打开了国际大门，出口到了中东、非洲、东南亚等地区。

除长城客车外，长城皮卡持续精进。同时，魏建军还布局了越野车、SUV、CUV、MPV 等多种车型的制造和尝试。面对市场，魏建军和长城汽车的管理团队拿出了十足的诚意，但眼前的局势，依然不太明朗。皮卡第一的宝座一时间无人争锋，下一个第一又在哪里？

　　就如其他车企纷纷入局皮卡赛道，却无法撼动长城皮卡的老大地位一样，长城汽车入局客车赛道，也遭遇了类似的尴尬局面。客车行业和皮卡行业虽然在制造壁垒上都不是很高，但前者在其他方面依然有着难以逾越的准入壁垒，主要体现在以下四点。

　　第一，在长城汽车入局之时，客车行业已经有了几大龙头企业，这几大龙头企业已经形成了一种无形的规模壁垒。

　　第二，客车行业的技术要求有其特殊性，客车的整车设计、动力系统、安全系统等，都有着极高的技术要求，对于技术人员的素质要求也相应较高。而长城汽车在 10 余年的积累中所形成的技术优势、自主开发系统优势，都无法为客车的研发提供全力支持，这意味着长城汽车需要为客车的研发制造独立开发一套匹配体系，在无形中增加了成本投入；

　　第三，客车所面对的客户群体，以及由此衍生的销售特征，也需要长城汽车有满足其需求的独立营销战略和渠道。

　　第四，虽然中国的公共运输业在持续发展，但客车市场的容量依然是有限的，很容易达到饱和。这一点同皮卡一样，两者都并非一个大体量赛道。

　　在持续投入却并没有得到预想中的效益后，长城大客车项目于 2005 年惜停。逾四年的资金、时间、人力的投入，损失已不可详计，教训是实实在在的。客车项目的失败，促使公司对整个事件进行复盘和反思，对长城汽车的明天做进一步的探索。

　　鉴于教训过于深刻，长城汽车便刻石为鉴，于是就有了"前车之鉴"的碑石。

　　即使在文艺作品中，也不存在战无不胜的英雄。能决胜于千里之外的将军，也是在一次次的实践和失败中积累了运筹帷幄的信心。人的一生，有一些战役是必然要面对的，而另一些战役，则是用来战胜自我的。这一次的客车之役，虽然让长城汽车惜败而归，但是在企业自身的成长和觉醒上，公司也再一次得到了锤炼。

定位，聚焦

发展才是硬道理，如何发展、具体如何实施、实施结果如何，都因时因地因人而异。处在发展之中的企业，很少有一帆风顺的，处于探索中，难免会犯错。这时，及时止损和事后反思总结，就显得尤为重要和可贵。

在一次次的历练中，长城汽车坚持"每天进步一点点"，也坚持有错必改，及时反思。在反思和思考中，魏建军和技术人员步履不停，继续实践，继续寻找。因为长城人坚信，只要不怕挑战，新的机遇必然会出现。

企业从自身的实践和发展中建立起危机意识和适当的恐惧感，是十分重要的。从理论的角度分析，人类的现代化工业已发展了百余年，其中前辈们所经历过的种种复杂状况、所积累的条条经验，对起步相对较晚的中国当代企业的发展是否有一些指导和启发呢？

机械工业出版社2017年9月出版的引进简体版图书《定位》的封底，有这样一行表述："长城汽车：打造'中国SUV领导者'，年销售额从80亿到超千亿，成长为利润过百亿的行业领军者。"另外，作为"定位经典丛书"系列书之一，在2014年1月版引进简体版图书《聚焦》的封底，也有着这样一句关于长城汽车的描述："长城汽车品类聚焦打造'中国SUV领导者'，超越保时捷成为全球利润率最高的车企。"

21世纪最初几年，长城汽车一直在做精做专还是做大做强的两维中间徘徊。一方面公司要保持住在皮卡领域的优势，另一方面要抢占新的市场先机。当时的长城汽车并不会想到，公司会被作为一个成功案例出现在"定位经典丛书"的封底上。

彼时的长城汽车人，依然怀着一颗造车的初心，魏建军保持着四处调研的习惯。不管是有了新的想法，还是遇到了新的困难，抑或是产生了新的困惑，公司从上到下一贯抱以积极的态度，长城人会向外寻求答案，会去看市场、去逛车展、去参观访问相关企业、去拜访行业专家，去四处走走看看。

长城人的四处走走看看，不仅仅只局限在中国内地，而是放眼到了世界范围之内。相比 1995 年，魏建军为了寻求出路走访美国、东南亚而遇到了皮卡，找到了新的生机，如今，魏建军走访半径更加扩大化，除了东南亚和美国，管理人员还远赴韩国、日本、法国、德国、奥地利、意大利等地。长城人走出国门的频率大为增加，眼界大开的同时，所见所感也更丰富。在一次次走访交流中，魏建军与源于美国、享誉全球的"定位理论"结了缘。

"定位理论"的创始人是美国营销大师艾·里斯。作为全球独树一帜的营销学大师，"定位之父"艾·里斯和他的伙伴杰克·特劳特，在 20 世纪 70 年代提出了"定位"这一概念，并于 1980 年在美国出版了《定位》一书。"有史以来对美国营销影响最大的观念"是《定位》简体中文版封面上的一行文案，如果放眼整个现代化工业产业的发展，这行文案甚至可以扩展为"有史以来对全球企业营销影响最大的观念"。

艾·里斯和杰克·特劳特在《定位》一书中指出，现代企业对市场的争夺，本质上是一场对用户心智的争夺战。在 20 世纪上半叶这一理论产生之前，企业的发展最关注的问题是如何扩大生产，只要有产品，就有市场。当时管理学的理论研究也集中于企业本身，即如何科学地管理一个企业的现代化生产。

到了 20 世纪六七十年代，随着生产工具和生产方式的改进，生产力得到了极大的提升，如何快速大规模地生产出某一类产品，已不再是一件难事。企业关注的焦点，或者说令企业感到头疼的问题，转变为如何让消费者记住自己的产品，让自己的产品快速得到市场的接受和认可。这就涉及如何更好地推广产品，如何做市场营销。于是，学者们开始将研究的方向从产品转向消费者，以消费者为导向进行理论研究和分析。

艾·里斯和杰克·特劳特的"定位理论"提出后，引起了美国商界的重视。此后 10 多年，俩人继续联手出版了多部著作，从博弈、营销、人生定位、商场规则等多个角度进行剖析，为企业发展作理论指导。

1994 年，艾·里斯不再满足于仅仅通过著述传播自己的理论，他联合女儿劳拉·里斯在纽约创办了里斯战略定位咨询公司。艾·里斯希望通过这种更加直接接触的方式，近距离地为企业提供具体的战略指导。1996 年，艾·里斯在美国出版了个人专著《聚焦》。

在金庸的武侠小说中，主角的功力大增常常得益于某一偶然场景，或习得某一特定武术招式，或得到某部武林秘籍，自此开悟，能力因而得到质的飞跃，声名开始于江湖远播。假如把商场也比作江湖，那么，所谓的管理学、市场营销学、宏观（微观）经济学等有关经营和管理的方法论的著作，在某种程度上，都可以视为能让企业家在商场征战中一招制敌、顺利胜出的秘籍。然而，秘籍并非人人可用，要使用需有先决条件，使用后的效果也因人而异。

魏建军邂逅"定位理论"后，获得了一种恍然大悟的感觉。原来自己前十余年的拼杀与奋战，以及种种试探、决策、拍板和有意无意间所遵循的战略、战术、方法，冥冥之中都与大西洋彼岸的"定位理论"相契合，这让他产生了一种相见恨晚的感觉。短时间内，长城汽车的高层搜集了市面上所有能找到的与"定位理论"相关的书籍，而后供全体人员尤其是管理人员潜心研读。"定位理论"如一束光穿透迷雾，让长城汽车在彼时的皮卡还是轿车、客车还是 MPV、SUV 还是 CUV

的混沌中，逐渐明确了未来的发展方向。

从 20 世纪 90 年代初开始，太平洋东岸的艾·里斯和他的伙伴、女儿，一步步地完善着"定位理论"，使之逐渐形成了一套完整的体系，为宝洁公司、IBM、惠普、雀巢、宜家等数十家企业的发展助力；太平洋西岸的长城汽车，则从组装到自造、从皮卡到 SUV，通过实践一步步践行着"定位理论"。一东一西遥相呼应，仿佛在默默地相互支持、相互印证着彼此的发展与壮大。

长城汽车接触"定位理论"时，中国大陆刚刚引进这一系列书籍的简体中文版，其中第一本便是《定位》。2008 年，长城汽车确定和里斯中国战略合作，这一系列书籍在中国大陆已列入畅销书书单，销量可观。直至今日，机械工业出版社将"定位经典丛书"统一策划出版，这套书仍然保持着它应有的生命力。

魏建军本人更是将这套"定位理论"推广到整个长城汽车。自 2008 年长城汽车与里斯中国开启合作，时至今日，双方依然保持良性合作关系。里斯中国为长城汽车的聚焦战略保驾护航，长城汽车则成为了里斯中国的经典成功案例，一则为艾·里斯的"定位理论"增添说服力的实战论据。

艾·里斯在《定位》一书中总结道，"在我们这个传播过度的社会里，定位是制胜之道。只有更好地运用定位的企业，才能生存。"他还在《聚焦》中重申，"从长远来看，能够获得成功的是那些专心经营核心业务的公司，而失败的是那些业务杂而不精的公司。指导公司做出每一个决策的原则就是专一的原则。"

这些策略如同箴言警句，不仅仅对企业的生存和发展有相当大的警醒意义，对于个人的发展而言，亦可作为参考。在某种意义上，长城汽车找到了独属于自己且最适合自己发展的那一本秘籍，在其后的风雨兼程中，最起码公司有了一个可以紧紧抓握的扶手。

得 "SUV" 者得天下

接触"定位理论"后的长城汽车人是很有感悟的,但是,从理论到落地实践还有很长的路要走。此时魏建军想得最多的依然是:长城的未来应该怎么走?

在皮卡这条赛道上,经过几年的沉淀,长城汽车已经连续占据了全年大约30%的市场份额,掌握了相当大的主动权。对于皮卡的研发创新,长城汽车从来没有懈怠过。自长城汽车推出第一批迪尔皮卡开始,公司就制定了一项快速迭代制度,即"三月一小变,一年一大变"。如此一来,长城皮卡自诞生之日起,便始终以一种新鲜活泼的姿态出现在市场上。

"三月一小变,一年一大变",长城皮卡一直处于一种研发创新、持续完善的状态。这是长城汽车从消费者的购买心理出发,站在消费者的角度去反观长城皮卡应保有哪种市场竞争力而采取的一种求变创新的方式。对于细节的调整是一种"变",比如:内饰用材的调整、车载空调的改进、高档音响的加入、遥控门锁的安装、车灯形状的改变,等等;对于关键大部位的改变是一种"变",比如:整车外形的调整、底盘的整体优化、发动机的改进、从一排到一排半再到双排[1],等等;

---

[1]一排、一排半、双排:指皮卡驾驶舱内座椅的排数。

对于如何更好更快更多地将长城皮卡推向市场，则是另外一种"变"，比如：营销思维的转换、营销网络的扩张、管理模式的创新，等等。

长城汽车不断推陈出新的意识就是从这里打下的基础，这也是公司早期的创新思维的萌芽与积淀。事实证明，长城汽车确实是在用实实在在的行动践行着"每天进步一点点"的企业精神，将创新意识、创新行动贯穿到了日常点滴中。

2000年，长城汽车自主研发的一排半皮卡并未获得预期结果，但长城皮卡依然以28600辆的年销量保持在第一位。2001年，由于市场环境的改变，竞争压力加大，公司开始寻求长城皮卡高端化之路。通过与广东福迪汽车有限公司合作，长城汽车拥有了新型五十铃车型皮卡，即赛铃皮卡；通过与中信中原汽车有限公司合作，长城皮卡再添新军，即日产D22型皮卡。前一合作下的赛铃皮卡一直生产到2010年，后一合作短暂持续后便停止了。

2001年，长城皮卡销量突破3万辆。关于皮卡的各种玩法、各种研发与创新，长城汽车已经做到了某种极致的水平，在国内遥遥领先于其他皮卡生产厂家。唯一让公司无法突破的，是长城皮卡在内地始终维持在30万辆左右的总销量。

为此，公司一方面布局了长城皮卡的高端化、多系列，另一方面打下了自主研发能力的基础。与此同时，长城汽车也在积极迅速地推进多维开发与尝试，种下了客车、SUV、CUV、MPV等多种车型系列的种子。

最终，报以较高期待的客车并没有给公司带来惊喜，反而是一款赛弗越野型SUV让业内人士和消费者都大开眼界。

早在20世纪90年代中期，长城汽车正在埋头发展皮卡时，中国汽车行业就有了关于RV、MPV、SUV、CUV的传说。说是传说，是因为当时中国还没有引进这些车型，而对于这些以字母表示的新型车型，如果没有亲眼见过真车，很多人听到这些名字后都会陷入困惑。其实这些车都属于多功能车的变种，它们的诞生也是基于一定的历史背景。进入 20 世纪 90 年代后，汽车产业在世界范围内的发展已相对成熟，实现了早期的规模化生产，人们对于汽车的需求随着生活方式的改变而变得越来越多样化、个性化和具体化。

随着生活水平的不断提升，交通设施等基建项目越来越完善，人们的购车热情长期不减，世界范围内的汽车保有量持续增长，汽车更深更广地融入了人们的日常生活。在汽车的代步功能这一基本功能外，人们更要求它能满足自己工作、娱乐、出行等多种需求。在这种背景下，汽车的功能更加多样化，集载客、载物、公务、旅游于一体的多功能车应时而生。SUV 就是其中的一种。

SUV 是 "Sport Utility Vehicle" 的首字母组合，直译为 "运动型多用途车"，同皮卡一样，SUV 的诞生地也是美国。从汽车技术的角度来讲，SUV 是从越野车演化而来的，它加入了轿车的舒适性，属于轿车和越野车的结合体，可以视为家庭用城市型越野车。以 SUV 为基准，更早诞生于欧洲的 MPV（Multi Purpose Vehicle）和更晚诞生于日本的 CUV（Car-Based Utility Vehicle）两种车型在越野性能上都要稍微差一点，舒适性却更胜一筹。另外，MPV 的乘员空间更大更宽敞，更偏商务风。在美国，人们也称 SUV 为运动型 MPV。

从 20 世纪 90 年代开始，欧美汽车行业就在大力开发 SUV、MPV、CUV 等系列车型，一方面市场对这种多用途车型的需求越来越大；另一方面，企业永远需要创新，需要自我突破，需要抢先一步占领市场。

2000 年左右，长城汽车就已经开始留意多功能车型，并深深为之着迷，当时国内还没有大规模生产推广多功能车型。魏建军在世界各地逛车展的时候，在日本和欧美的车展上见识到了当时比较先进的各种类型的多用途车型。SUV 这一类车型兼具了皮卡车的越野性能，也有着轿车的舒适性，更重要的是，这类车型不用上目录，可以直接进城。

就这样，长城汽车人内心的那一团火再次被点燃了。

当时，国内的 SUV 市场处于刚刚起步阶段，并没有太多迹象表明，中国内地的市场会像欧美日的市场一样，对 SUV 的需求能在短时间内激增暴涨。2000 年左右，中国大多数家庭甚至都还没有自己的第一辆象征着体面与身份的标准家用小轿车，更不用说跨越到以满足休闲生活为主的多用途车了。

长城汽车切入 SUV 这块市场，也如当年切入皮卡赛道一样，公司对当时中国的 SUV 市场大环境做了详细的调研，也对长城汽车自身是否具备开发 SUV 新车型的能力进行了自检。当时市面上的多用途车除了合资生产的就是整车进口的，价格大都在 20 万元以上。在人们的惯性思维里，一般会买也买得起越野车和 SUV 的人，不是资深越野玩家，就是家境非同一般。当时，中国的城镇里有一部分人对多用途车有了需求，但市场并没有给他们提供比较多样化的选择。

从技术上讲，长城汽车是有能力研发多用途车的。SUV、MPV、CUV 三种车型中，前两种车型的底盘都可以沿用皮卡的底盘，然后再在皮卡底盘的基础上进行开发。要知道，一款技术先进的皮卡底盘正是长城汽车的优势所在。然而，在实际生产过程中，公司并没有直接在长城皮卡底盘的基础上改进使用，而是为长城 SUV 研发了一款独立的底盘，以区别于市面上同等价位的 SUV。

基于种种分析，魏建军认为，当下的市场存在这样一部分潜在用户，他们需要一款既可以载人又可以载货的车，以满足他们的日常工作和生活，也满足他们奔跑于城市与郊野之间的需求。一款 10 万元左右的经济型 SUV，可以有效地填补这一市场空白。于是，没有过多的对外宣扬和资金投入，自 2000 年开始，长城汽车就利用原有的皮卡生产线，加上自身逐步完善的垂直研发体系的助力，朝着多用途车的方向尝试了。

同长城的客车项目一样，SUV 项目在发展初期时，也属于公司的一种全新尝试。两年后，客车项目和 SUV 项目都迎来了上市的时刻。很快，市场便给这两个项目各自定了性。客车项目最终走向停产，SUV项目则发展成了长城汽车下一阶段叱咤车坛的主力军。

当一款售价仅 8 万多元、各项性能都在水准之上、造型新颖时尚的 SUV 出现在人们的视野中时，很多人不敢相信长城汽车居然真的做到了对性能和价格的平衡。赛弗（Safe）SUV 如一颗闪亮之星，一下子就燃爆了汽车市场，很快就供不应求，火热的销售场面似乎完美复刻了 6 年前长城迪尔皮卡上市时的情景，不免让人有些恍然。

2002 年，赛弗 SUV 年中入场，年末时以当年全国 SUV 销量前三名收场。自此，长城汽车开创了中国经济型 SUV 先河，再一次在中国的汽车产业发展史上书写下了浓重的一笔。而整个长城汽车，2002 年年销量为 45000 辆，其中出口 3157 辆。

同年，长城汽车技术中心组建成立，20 余位专家人才齐聚其间。2 年前搭建的长城汽车产品开发部，作为长城技术研发中心的雏形，已经不能再满足长城汽车对于汽车科技更高、更新、更快的迫切需求，也无法再辅助魏建军实现在汽车产业领域更大的野心。

成立汽车技术中心之后，公司的第一件事就是战略部署多用途车的研发工作。一款在技术上更先进、更具性价比的多用途车的研发和推广，成了长城汽车的下一个战略目标。此时的长城皮卡，自然而然退居为 K2 项目，K1 项目是长城多用途车。此处的 K 即英文单词 "King"首字母。

赛弗 SUV 的热销之下，魏建军依然保持着清醒的认知，深知技术研发对于一个项目持续运作的重要性，并要在这条新赛道上深耕下去，再拿下一个全国第一。

双料冠军

2003 年，长城赛弗 SUV 热度不减，继续保持迅猛的销售势头，优异的成绩为长城汽车注入了强大的信心和动力。2003 年也被汽车行业业界人士定义为中国的经济型 SUV 元年，这一年，长城汽车拿下第二个全国第一的梦想就要实现了。

在很大程度上，长城汽车推出 SUV 系列车型的目的是为了打开进入大城市的大门，实现自己发展史上的一个跨越式进程。第一代赛弗 SUV 以其威猛时尚的造型、艳丽夺目的色彩，以及仅仅 8 万余元的价格，击中了城市中追求个性与时尚但钱包尚未丰盈的年轻一代的心。赛弗成功了，它很快攻陷了从南到北的各大城市，在城市与郊野之间往来穿梭。赛弗 SUV 上市当年，仅北京一个城市，就售出 2500 多辆。

作为一款战略性产品，赛弗 SUV 的一炮而红再一次印证了长城汽车关于夹缝中求生存的经营策略：深入调研市场，找市场空白，瞄准这个空白，专心研发对应夹缝产品，在其他企业尚未重视从而未大规模发展此项目时，找准时间差、产品差、价格差，以一步到位的定价策略，迅速占领此夹缝市场，进一步巩固自己的市场地位。

携赛弗 SUV 继续征战江湖的长城汽车，将 SUV 这一在国际汽车市场上方兴未艾的新型产品，抢先一步向国人普及，再次引领了潮流。可以认为，赛弗 SUV 的兴起，满足了中国一代年轻人对于越野和冒险的渴望，激发了他们对于自由人生的深层向往。

从前几年皮卡的研发、营销、推广中，长城汽车积累了关于产品研发的一些战略性规划和策略，其中"生产一代、改进一代、预研一代、储备一代"是长城汽车独具特色的产品战略发展思路。基于 2002 年第一代赛弗 SUV 上市后的反馈，以及长城汽车本身对于先进汽车科技的研发和引进，2003 年 3 月，在装备、动力、外形、功能上经过了 60 多处大大小小的改进之后，赛弗 SUV 更新换代，新一代重装上市。同时，新赛弗的价格依然与第一代保持持平状态，并通过两驱或者四驱，加装或者不加装后备轮胎，组合出了四种款式，供各类消费者选择。

毫无悬念，第二代赛弗依然是市场的焦点。在当年的北京国际汽车展上亮相后，新一代长城赛弗订单多如雪片。两个月后，2003 年 5 月，长城赛弗的年阶段性销量已经达到了 13999 辆，在同档位 SUV 销量中占比高达 70%，将重庆庆铃竞技者、郑州日产、湖南猎豹、北京切诺基、河北中兴、安徽扬子、上海万丰等一众 SUV 生产企业远远地甩在了身后。自 2002 年 5 月份上市以来，长城赛弗自然年 1 年的销量已近 30000 辆，这一数字很是令人叹为观止。

一时间，长城赛弗受到了广泛的关注，其热销现象一度使之成为了汽车市场值得研究的一个经典案例。一贯秉持打造高品质、低价格，适合中国国情的车型为宗旨的长城汽车，再一次站到了聚光灯下。"长城赛弗"作为一个固定名词，也成了中国经济型 SUV 的代名词。

同年，长城汽车顺势推出了新款赛影 CUV 多功能商务车。这款车之所以被称为 CUV，而不是 SUV，主要原因在于赛影沿用了长城皮卡车的底盘，而不是 SUV 独立底盘。一向以诚信态度面向市场和消费者的长城汽车，没有以 SUV 直接称呼赛影，但赛影本质上还是属于 SUV 车系。

相比赛弗 SUV，赛影对标的消费人群为大城市里更为成熟一些的上班族，即商务人群。在车身设计上，赛影也更加修长，车内空间更大，可供七人同时乘坐。赛影分为汽油款和柴油款，售价区间在 8 到 10 万元，在同档位多功能商务车中，性价比较为突出。赛影上市后，也引起了强烈的反响。

从产品战略布局和后续的市场发展来看，赛影 CUV 是作为赛弗 SUV 的一款辅助车型，从 SUV 整体市场再寻求更加细分的一个领域。从定位和聚焦的企业经营发展角度来看，长城汽车在当时仍然处于开发新车型，谋求新的市场增长点，实现产品的多元化和差异化的阶段。

虽然赛弗 SUV 会阶段性更新换代，但在其他车企纷纷效仿长城汽车上马经济型 SUV 项目，以及 SUV 在当时中国的整体汽车产业中仍属于一个较窄的赛道之际，赛弗 SUV 整体的市场形势仍然不明朗。因此，不管从研发的角度，还是市场的角度；不管是赛影 CUV，还是其后的赛骏 RUV，都属于某种探路型试水之作。这些辅助性车型投入市场后的反馈，给长城汽车带来了最真实的市场信息，在某种程度上使魏建军坚定了继续加大对赛弗 SUV 投入的信心，间接地推动了赛弗 SUV，乃至其后哈弗 SUV 的单一车型产品的霸主地位的奠定。

2003 年，中国汽车产业整体依然处于快速变化之中。

这一年，比亚迪在王传福经营之下，已经成长为全球第二大电池生产商，并于前一年在香港成功上市。公司上市之后的王传福，借助资本之力，于 2003 年 1 月，以 77% 的股权占比，收购了陷入经营困难的西安秦川汽车有限责任公司，正式控股秦川汽车。满怀信心的王传福，以一贯稳健的作风，从西北地区切入，宣布正式进军汽车行业。

2003 年 5 月，长城赛弗 SUV 上市一周年之际，奇瑞集团推出了奇瑞 QQ，这是一款具有创新精神的小轿车，专门为年轻人打造。在中国的汽车市场上，这款车一度成为微型轿车的代名词。

2003 年 8 月，在吉利汽车五周年纪念活动上，李书福笑逐颜开。当时，吉利集团刚刚完成战略性转型，成为一家现代化股份制企业，旗下已拥有五大汽车品牌，包括：吉利豪情、吉利美日、吉利优利欧、美人豹和上海华普。

在吉利汽车迎来五周年庆典之际，家电行业的老大哥美的，也瞄准了飞速发展的汽车行业，开启了云南美的汽车整合项目，打算挥剑西南，在五年内陆续投入共计 20 亿元，建成云南美的汽车工业城，预计整车销售额将超 50 亿元。

2003 年 9 月，东风汽车有限公司的总部由湖北十堰迁至武汉，其与日产汽车建立了系统化的全面深度的合作，组建了国内最大的汽车合资公司，欲以长江中下游为据点，把酒临风，一揽国内汽车行业的霸主之位。

2003 年，对于天津一汽夏利而言，是一个承前启后的年份。就在前一年，中国一汽集团和天津汽车工业集团实现重组，成立了天津一汽夏利汽车股份有限公司；而在后一年，夏利实现了年销百万辆，成为第一个获此佳绩的民族轿车品牌。

而同在天津的一汽丰田，已于 2002 年成立，并且是国家重点发展企业。

压轴出场的北京现代汽车有限公司，作为中国加入世贸之后的第一家被批准的汽车合资企业，已于 2002 年成立，总注册资本达 20.36 亿美元。

新兴车企于大地林立，中国内地汽车产业眼见竞争愈发激烈，新兴的日韩车系纷纷进驻，较早合资成立的一汽大众、上汽通用等车企严阵以待。一时之间，国内汽车产业版图上虎踞龙盘。华夏之内，旌旗猎猎，烽烟迭起。毫无疑问，一场你追我赶的白热化竞争赛即将上演。

一边是长城赛弗 SUV 神话般的畅销奇迹，一边是汽车行业此起彼伏的风云际会。此时的长城汽车，公司从上到下并未沉醉于赛弗 SUV 的成功之中，而是继续东奔西走，找新技术、新车型、优秀人才，建新工业园。魏建军在日本东京测评 SUV 车型，又去法国巴黎考察发动机技术。对于造车，对于汽车科技，长城汽车永远热血，永远在路上。不过这一年，有一点不同，在技术和车型之外，为长城的未来而奔忙的魏建军，还悄悄完成了另外一件关乎资本的大事。

2003 年，长城汽车以年总销量 52500 辆收官，年销售额高达 53 亿元，净利润超 6 亿元。长城皮卡以 35% 的市场份额连续六年蝉联国内皮卡市场年销量冠军，同时，迅速崛起的长城 SUV 也拿下了国内 SUV 市场的年销量冠军，占比份额达 25%。至此，公司实现了拿下第二个细分领域第一名的梦想。长城皮卡和 SUV，双料冠军，并驾齐驱。

这一年，与长城汽车有关联的公司已达 11 家，员工 7000 余人。长城汽车已经连续 12 年盈利，并顺利度过经济型 SUV 元年，进入 2004 年成长年。

2003 年的长城汽车，好消息不断，惊喜连连。2003 年 12 月 15 日，长城汽车这一年的惊喜达到了高潮。这一天，长城汽车一众高管，站在香港交易所大厅中央主台上，他们执锤敲响了长城汽车上市的钟声。伴随着上市的成功，长城汽车将进入另一个划时代的崭新发展阶段。

第七章

登陆港股：要资本更要发展

　　一路扎实前行、向来步步为营的长城汽车，夺得了皮卡和SUV
两个细分领域的双料冠军。荣誉和掌声之下，长城汽车也获得了资本
市场的认可。2003年，长城汽车成功在港交所上市，成为第一家在
港交所上市的内地民营造车企业，前方的道路愈发宽广了。

一波三折上市路

出于对市场和公众负责的态度，一个企业是否有资格上市、能否成功上市，证券机构有严格的审核规定。在企业提出上市申请、递交招股申请书后，证监会会对企业进行详细的调研和质询，以确定企业是否有资格进行上市事宜。待证监会批复之后，申请如果获得通过，则企业可向对应证券交易所确认，进入下一阶段，开始路演、宣传、招股等流程，最后挂牌上市，正式进入股票交易市场。这一过程被称为 IPO 流程，即首次公开募股。

早在 1992 年，华晨金杯汽车不仅作为中国第一家车企，更是作为中国第一家企业，实现了在美国纽约证券交易所挂牌上市。此后，华晨借助上市后的资金优势，顺利实现了 10 余年的高速发展。

从 2001 年起，魏建军就有了上市的打算，此后长城汽车不管是企业改制，还是拓宽产品线，在某种程度上，其实都是在为顺利上市打基础。2003 年，国企车企大都还处于股份制改制转型阶段，还没有到大规模上市阶段；民营车企受限于发展规模，也较少有能达到上市标准的企业。2002 年，比亚迪在香港上市，但它是在上市之后才进入汽车产业的。

中国内地企业如果想上市，就要面临境外上市和境内上市两个选择，而境外上市亦有两个选择，去美国等其他海外市场上市，或者去香港上市。受限于当时的政策，长城汽车作为民营企业，暂时无法实现在境内的沪港证券交易所上市。如果是在香港上市，长城汽车可以作为第一家在港上市的民营车企，创造一项历史。

作为一个老牌对外开放自由港，香港一边连接广阔的国际市场，一边连接无限潜力的内地市场。其中，成立于 1914 年的香港证券交易所，在金融市场上代表一种开放、自由、活力的形象，各项制度和规范较为成熟、稳健，其 H 股的概念有一种不言自明的魅力，对于内地企业和企业家而言，充满了吸引力。

考虑到地理位置和文化交流等具体因素，长城汽车最终选择在香港上市。在各种因素综合考量下，排除离岸上市、红筹模式、创业板，最后留给长城汽车的，是在香港证券交易所主板以大 H 股模式上市。

如果要在香港证券交易所上市，港交所对于企业的最低市值、最低盈利，以及最低公众持股数量和业务记录等，都有一定的要求。如目前港交所要求申请上市企业连续两年盈利不低于 3000 万港元，且最近一年盈利不低于 2000 万港元。

长城汽车是无惧港交所关于上市需符合的各项条件、要求与审核的，具体详情如下：

在产权上，2001 年，长城汽车已经成功改制为股份制企业，改制后股权分配明晰，魏建军以 46% 的股权占比占绝对控制地位。此外，南大园乡政府占股 44%，魏建军父亲魏德义占股 9%，魏建军的母亲和夫人分别占股 0.5%。

在财务状况上，长城汽车已经连续 12 年处于盈利状态，而且每一年都是增长态势。

在资金流上，长城汽车没有银行贷款，一直都是靠自有资金滚动式发展，账面干净，资产状况良好。

在经营管理上，长城汽车一向以稳健著称，善于深入市场做调研，及时把握行业变化，抢占发展先机，还注重研发投入和人才培养。

在业绩上，长城汽车长期深耕皮卡和 SUV 两大领域，且还在这两个领域做到了内地市场份额最大，皮卡连续数年夺得国内销冠；SUV也以迅雷之势夺得国内销冠，销售火爆，引领风潮。

在品牌影响力上，除了获得"皮卡大王"的赞誉，长城汽车更是在国内树立了SUV领军者形象，夯实了自主品牌开拓者的地位。此外，长城汽车已连续多年出口海外，近几年更是通过与国际汽车产业领军企业的人才交流、技术交流等方式加快了全球化扩张的步伐。

不管从哪一方面来衡量、审核和评估，长城汽车都符合在港交所上市的条件。而关于此次上市融资的目的，长城汽车也表现得非常坦率且真诚。主要是以下几点：

第一，所融资金将用于投入新生产设施，提升企业的生产能力，扩大产品组合，以更好地融入中国汽车产业迅速增长的历史阶段，抓住中国内地对乘用车和更优质汽车预期需求的增长这一契机。

第二，所融资金将用于提升及扩充现有的生产设施，以配合生产能力的提升，主要是提升和扩大发动机生产能力，以及提升用于零部件生产的现有生产设施，其中零部件包括前后桥、车架、内饰配件及其他配件。

第三，所融资金将用于增强研究与开发实力，购置相应设备，增进研发实力。

第四，所融资金将用于提升管理、运营，以及会计方面的信息系统，以提高管理效率，提升竞争力。

第五，所融资金将用于抓住潜在投资机遇，如土地收购、成立合营企业等。

一家车企的上市，除了能为企业带来充裕的现金流，顺利实现产能和规模的扩大之外，更可以使企业实现股权结构的优化、管理机制的规范、管理水平的提升、行业知名度的扩大、品牌知名度的提升，等等。

2003年3月份，长城汽车整体确定了要在香港主板上市。公司选择法国巴黎百富勤融资有限公司作为长城汽车上市的保荐人和经办人，也即全球协调人。巴黎百富勤派出一支 20 人的专员队伍赶赴保定市，驻扎在长城汽车。长城汽车随后也专门成立了一个十几人的小组，与巴黎百富勤的队伍就上市事宜进行对接。两支小队一同奋战长达半年之久。

2013 年 11 月 19 日，中国证监会发布了《关于同意长城汽车股份有限公司发行境外上市外资股的批复》的通知，按照批复，长城汽车可发行不超过 13110 万股的境外上市外资股（含超额配售 1710 万股），每股面值人民币 1 元，全部为普通股。完成这次发行后，长城汽车则可到香港交易所主板上市。

2003 年 11 月 24 日，魏建军携一众长城董事会高管人员，开始赶赴各地，进行路演。此是，这场持续了九个月的 IPO 流程，即将迎来胜利的尾声。

然而，就在路演的第二天，上市的前十天，即 2003 年 11 月 25 日，长城汽车突然接到一个通知：有一家外媒报道长城汽车新推出的"赛影"，涉嫌抄袭日产一款运动型多用途车的车型，日产正考虑对长城汽车提起诉讼。对此，公司别无选择，只能直面。这一道难题似乎与其他任何时候所遇到的难题都没有太多本质的区别。

"抄袭"风波

2003 年 11 月 21 日，英国的《金融时报》刊登了一则报道。报道指出，据《金融时报》工作人员与日产汽车管理层某管理人员对话称，2003 年 4 月份，长城汽车推出的新款车"赛影"，在外形设计上涉嫌抄袭日产汽车"帕拉丁"（Paladin）车型，对此，日产汽车方面正考虑对长城汽车提起诉讼。

此时，距离中国证监会批复关于同意长城汽车上市的申请刚刚过去两天，距离长城汽车的上市路演还有三天。

帕拉丁汽车是一款典型的 SUV，其造型脱胎于日产在北美市场推出的 SUV 埃斯特拉（Xterra）的整体造型，由郑州日产生产推出，主要在中国大陆进行销售。2003 年 2 月，帕拉丁曾在北京国际汽车展登台亮相，日产方大力宣扬这款新车，使其备受多方关注，给很多人留下了深刻的印象。两个月后，长城汽车携 6 款新车在上海国际车展展出，其中就包括即将上市的赛影 CUV。

当时，赛影以商务车的定位推向市场，长城汽车称其为赛影CUV，然而，在其真正进入市场后，由于市场的习惯性认知，以及这款车在造型、功能上给人们的印象，赛影 CUV 后来多被称为赛影SUV。

《金融时报》消息一出，国内媒体闻风而动，密切跟进了这一报道。长城汽车一时间被推上了风口浪尖，并在行业内引发了一场轩然大波。

要知道，长城汽车上市之路正值紧要关头，如果此时被起诉，除了上市可能会被迫延期，还可能会引发更严重的后果。11月25日，得知媒体对该事件的报道后，香港证券交易所方面希望魏建军可以就抄袭一事做出说明，进一步提交相关文件，并将此事披露于招股说明书中。

长城汽车处于旋涡的中心，但魏建军此时表现得分外冷静，一众高管马上展开了行动。魏建军代表董事会向外界发表声明，表示截至声明时，关于侵犯知识产权一事，长城汽车并未收到来自日产总部方面包括口头或者书面等形式在内的任何声明；长城汽车一向以自主研发为基础，公司大多数产品由自己的研发人员和技术团队开发生产，部分产品或与国外专业研发设计公司联合开发，绝无侵犯其他汽车制造商自有知识产权一事。最后，魏建军相当坚定地表示，如有需要，长城汽车必将进行积极抗辩。

长城汽车有关负责人也接受了相关媒体的采访，表示抄袭一事属于媒体和外界的单方面揣测，长城汽车一直坚定走自主研发道路。并且，媒体在长城即将上市之际炒作此事，用意可疑。

随后，郑州日产方面也做出回应，表示他们也未曾收到来自日产总部的任何指示，而仅仅是收到一些市场反馈，个别经销商认为长城汽车的赛影SUV和日产的帕拉丁SUV由于个别设计因素比较接近，看起来略有相像。但在售价上，两者悬殊较大，帕拉丁SUV在20万元左右，赛影SUV在8万至10万元。在10万元的差价之下，赛影的功能性等各方面并没有输给帕拉丁。

因此，同样功能之下，如果消费者面对帕拉丁和赛影，就会选择性价比更高的赛影。这在一定程度上影响了帕拉丁的销售，受到利益驱动，某些经销商便开始拿外形抄袭论事，这种不负责任的态度不仅对长城汽车造成了伤害，而且对日产的市场形象亦有影响。

这件事如一阵骤雨一般，来得快而猛烈，去得也迅速，最终并未发酵。数年之后，赛影SUV抄袭事件仅仅只是会作为长城汽车上市之路上的一段小插曲而被人议起。实际上，对于汽车产业一百多年的历史而言，关于汽车外形设计的故事与风波，这个小插曲仅仅只是其中一件微小事件。汽车外形设计的演变是一部关乎动力学和审美学的发展史。

欧洲作为汽车的发源地，在汽车外形设计上拥有先发优势，很多经典的汽车车型都是源自欧洲市场；其后，美国汽车产业结合本土的审美取向和功能需求，创造出了适应美国本土精神与气质的各类车型；随着日本经济的崛起和汽车工业的发展，日本各大车企在借鉴和学习欧美经典车型之际，也对汽车进行了适应本土化需求的改造，最终形成了独具日式特色的车型设计。

而起步较晚的中国汽车产业，在无数的前辈和经典车型之外，坚持保持自主研发创新的精神和动力，慢慢探索出符合中国特色的审美情趣，且在动力、功能、性能上达到最优解的车型设计，这是一条艰难、漫长却使人安心的道路。

曾有一位欧洲汽车设计师称中国的汽车设计为"那些古怪、惊奇又狂野的中国汽车设计"，这几个形容词形象地突出了中国汽车品牌发展的快速化，也暗示了中国汽车的创新精神在借鉴、致敬之中的突围和破局。

汽车的外形设计兼具了科学性和审美性，既需要考虑动力学，也需要兼顾某种艺术性。人们对一辆汽车最感性的认识，通常都来自于汽车的整体外形。因此，汽车生产商对于汽车的外形设计相当重视，并将其视为提高市场竞争力的一种途径。但是，一辆汽车的外形好看与否，很大程度上具有相当大的主观性。正是由于设计带有一定程度的主观性，也就造成了汽车行业内的产权纠纷大多集中在设计上，如汽车外形设计、商标设计等。对于外形而言，如何确定两款车型是否真的很相似，是否真的存在抄袭，边界在哪里，也需要排除双方的主观意念，以法律为绳，用理性而谨慎的态度，作出判定结果。

对于独家研发的车型，世界各国都会有汽车专利权对其进行一定时间期限的保护，以保证这款车型在市面上的独特性，进而保障其市场份额和占有率。

在当下，汽车的外形设计越来越受到重视，很多车企都拿出相当巨大的研发资源投入汽车外形的设计研发、申请外观专利等。虽然研发和创新需要有源源不断的人力、物力和资金的支撑，但最终效果还是要市场说了算。

一款能够被大多数消费者接受和认可的车型，就可以被认为是具备了一定市场竞争力的汽车。随着审美的变化和物质水平的提升，消费者对于汽车外形设计会产生更多个性化的期待。

赛影SUV的外形抄袭风波并未影响长城汽车的上市之路，但这件事更加坚定了魏建军关于自主研发的决心。选择一条艰难却长远的道路和选择一条便捷但短暂的道路，反映出的是一个人内心是否真正拥有梦想，是否真正投身于造车事业。长城汽车选择了前者，选择忠于造车梦。

风波很快平息，长城汽车的高管依然马不停蹄地奔走在路演的道路上，辗转于欧美等地的几个大城市之间。几天后，魏建军便将登上港交所的中央主台，迎来属于公司的高光时刻。

上市敲钟

从 2019 年年末新冠疫情出现，到 2020 年春天新冠疫情暴发，人们既无奈又无助，但内心都还抱有一丝希望，希望疫情会如 17 年前的那场非典（SARS）一般，随着夏天的到来而快速过去。

随着时间的推移，新冠疫情反复发力，人们从最初的怀抱希望到逐渐不再将其与彼时的非典相提并论。2003 年，当非典横扫华夏大地之时，播散在人群中的恐慌与忧虑，历史从未忘记过。

如果没有非典的影响，长城汽车的上市之路可能会更快一些。用不了 9 个月，6 个月就可以。这是魏建军在长城汽车于港交所成功挂牌之后曾发出的感慨。的确，长城汽车在香港上市的 2003 年，也是中华民族面临非典威胁、同心抗疫的一年。非典给中国人带来身心的重创，堪称吹响了和平年代如战争般的号角。在这样一场灾难中，涌现出了无数代表中华民族力量、希望和勇气的如战士一般的人物。其中，钟南山的名字为每一位中国人所熟知，17 年后的新冠疫情，这位白衣战士再一次挺身而战。

灾难挡不住中国进步的脚步，也挡不住长城汽车踏出的上市之路。这一年，公司的多位高层无数次戴着口罩往返于北京和保定，冒着被隔离的风险，一次次去到中国证监会等相关国家机关办理上市相关事宜。数年之后，再回顾这段历时 9 个月的上市之路，非典留给公司高层的印象，远远深于上市之前的赛影抄袭风波。

2003 年 12 月 15 日，港交所内洋溢着轻松喜悦的氛围。今天，这里即将举办一场上市挂牌仪式。

董事长魏建军等长城汽车的几位高管，河北省保定市的几位主要领导，巴黎百富勤代表人员，港交所领导和主要管理人员，以及其他中介机构代表人员，都齐聚在港交所大厅内，等待登上中央主台，见证长城汽车成功挂牌上市的那一刻。

表面上看，在港交所举行过的无数场挂牌仪式中，这只是普普通通的一场。出场、发言、敲钟、庆祝等一系列的仪式流程在相关工作人员的操作指引下，流畅、有序、顺利地进行着。

人群穿梭往来，身着黑色西装套装的魏建军，左衣襟处别了一束胸花，胸花下是个人名片。他特意选了一条红色斜纹领带，以映衬当天的喜庆氛围，代表长城汽车上台致辞。致辞环节结束后，魏建军等主要人员上中央主台，正式敲响了长城汽车上市的钟声。

在钟声敲响的那一刻，魏建军的内心会腾起怎样一种情感呢？此时距离他临危受命，接管长城汽车已经过去 13 年。当年的魏建军 26 岁，他开着自己那辆拉达轿车缓缓驶入时称长城工业公司的厂区大门时，人们纷纷对这位看起来一脸严肃、略显年轻的新厂长投以疑惑的目光，不确定他是否能将深陷泥潭的长城工业公司拉回正轨。

13 年过去了，魏建军 39 岁了，与 26 岁的魏建军相比，他变了，却又没变。此时的他，依然将造好车奉为自己一生的追求，曾经年轻饱满的造车理想依然鼓荡在他的胸怀。不管是哪一方面的尝试，皮卡也好，SUV 也好，垂直整合、精益管理、定位战略研究等，都是为了更好、更完美地实现自己的造车梦。

现如今的香港上市，也是从资本的角度获得认可，为更长远的造车之路保驾护航。时局如棋，造车之路亦如下棋。在香港上市成功的魏建军，步步为营，正逐渐向自己内心的梦想和最理想的状态靠近。如果回到 13 年前，39 岁的魏建军或许会拍一拍 26 岁的魏建军的肩膀，鼓励他要少一些焦虑，更勇敢地走下去。

在香港公开招股期间，长城汽车得到了香港投资者的热情反馈。对于第一家在香港上市的内地民营车企，香港市民对其增长潜力信心满满，他们排起长长的队伍认购长城汽车的股票；香港媒体纷纷对上市事宜进行报道，各路媒体心怀期许，称长城汽车为"中国人的汽车""中国汽车自主品牌之王"，等等。投资者和媒体的热烈踊跃程度远超市场预期。

据长城汽车官方披露，长城汽车公开发售部分共接获172393份申请表格，申请总数约77.9亿股。公开招股部分获得超额认购682倍，冻结资金达1050亿港元，同时，在国际配售部分也获得大量超额认购，最终融资17亿港元。长城汽车资产一夜之间从10亿元扩张到28亿元，魏建军一鸣惊人，一跃成为内地民企汽车领域首富，获当年"胡润内地财富排行榜"排名第15位。

长城汽车挂牌上市并获超额认购的消息发布后，引发媒体狂欢。作为此事件的关键人物，魏建军成为媒体报道中的集中发力点。在那段时间，魏建军在香港报纸频频露面。

在香港上市后，长城汽车名声大噪，除了香港媒体的连篇报道，此事在内地亦引起了不小的震动，内地媒体也对长城汽车这家独立车企及其董事长魏建军报以热切关注。一向低调的魏建军没有办法再低调下去，从此开始逐渐走到台前，为公众所熟知。

树立民族汽车的旗帜

长城汽车的上市，得到了保定市当地的热情反馈。在上市之前，长城汽车已凭借稳健的经营和雄厚的经济实力，成为保定市当地最大的一家工业企业，连续三年都是当地工业企业第一利税大户。如今，在香港上市之后，长城汽车又成为当时国内规模最大的民营汽车制造企业，一举进入了公众的主流视野，在国际市场也引起了轰动，风头一时无二，超越了同为民营车企巨头的吉利汽车。

掌声、鲜花、赞誉、镁光灯……一时间，围绕在公司周围的全是肯定和夸奖的声音。是的，长城汽车是在早年的重重危局中脱困；是踏出从皮卡到SUV的步伐，创造了一个又一个亮眼的成绩；更是在香港上市，获得国际资本市场的认可，为以后的做大做强打下扎实的资本基础。了不起的长城汽车，是保定市人们交口称赞的企业，更为保定市带来无数的荣光和关注。

但是，纷至而来的荣誉和掌声是企业自身真正想要的吗？坐上民营车企的头把交椅是长城汽车这么多年来的终极梦想吗？

显然，答案都是否定的。

对于长城汽车而言，掌声和鲜花会很快过去，外界给企业诸多的赞誉头衔，也只是一时的荣誉和肯定。在13年的坎坷成长中，危机意识早已深埋于心。也因此，长城汽车人从上到下，不会被各种荣誉轻易蒙蔽了双眼。

尤其是在魏建军看来，13 年里每一天都在经历难事，难事太多了，以至于已经说不上来哪一件是最难的事。走过 13 年的艰难旅程，上市对于这群企业的管理者来说，只是这个旅途当中连接当下和未来的一个必然的经历和过程。实质上，这一次的上市只是让一群人向着造车梦更接近了一些。

没错，长城汽车人这十几年来所做的一切努力，都是为了守护和灌溉心中那颗从最初就埋下的关于汽车梦想的种子，让它发芽、开花、茁壮成长。长城汽车的每一位员工都知道，长城汽车要造车，要造好车，要造自有品牌里最好的车，要将中国的汽车推向全世界，要为中国的民族企业和民族品牌树立一面旗帜。

这才是长城汽车的终极目标。

从香港回到保定，长城汽车抖落一身的荣光，走下了舞台，走出了镁光灯和聚焦处所在，忘掉那些掌声和赞誉，企业高管们摘下红色斜纹领带，换下挂牌仪式时穿的那一身笔挺的黑色西装，换为自己的浅灰色长城汽车工装。就如上市之前一样，公司全体人员，继续低调而专注地投身于自己的造车事业，魏建军继续保持着每天七点准时到达公司的习惯，继续和整个团队坚守着"每天进步一点点"的企业理念，所有长城汽车人都继续着自己在长城汽车普通又不普通的每一天。

往回看，长城汽车已经初步建立了联合开发、垂直整合的生产体系，成立了自己的技术研究中心，获得了皮卡和 SUV 两个领域的领导性地位，年产值达到了 53 亿元，投资 15 亿元、占地 2900 亩的长城汽车工业园二期零部件基地首批合资企业投建。

往前看，长城汽车依然有着巨大的探索空间和发展潜力。借助上市，魏建军准备加大研发投入，提升产品品质，大力引进国际层面的先进汽车人才；继续拓宽长城汽车的经营层次，优化整车产品结构，带领长城汽车顺利切入轿车市场，实现从皮卡到 SUV 再到轿车的三连跳，真正进入汽车产业的主流市场；在此基础上，把握机遇，借助国际国内的开放化大环境、相对稳定的经济发展态势和汽车产业的快速发展，加速长城汽车的国际化进程，更深程度上打开国际市场，加速品牌升级之路。

事实证明，上市对于长城汽车而言，是一个正确的选择。作为一家民营车企，长城汽车一直依靠苦练内功征战四方，虽然练就了强大的市场适应力，但也遭遇诸多局限。想要发展得更快、规模更大、内力更强，上市融资成为了帮助长城汽车做大做强的相对比较可行的办法。

香港上市不仅为长城汽车带来巨大的良好声誉，带来 17 亿港元的资金注入，还促使长城汽车优化了管理机制及股权结构。长城汽车上市后，整体管理水平得到了极大的提高，从而更加专注于造车事业，为企业的可持续发展建立了一套良性的长效机制。

2004 年伊始，长城汽车开始迅速发展为中国内地汽车势力的中坚力量。位于中国北部河北省保定市的长城汽车，更加坐稳了当地第一的支柱性企业之位。长城汽车从保定走向中国，从中国走向世界，最终走出了一条不可复制的长城之路。

怀抱一颗初心，上市归来不迷失，公司大方地拥抱资本，接受一切赞美，也不惧任何诋毁。面向未来，长城汽车做好了准备，迎接所有挑战。长城汽车将义无反顾地，继续奔走在造车的路上。

第八章

百亿造车"失败记"

经过十几年的发展，长城汽车在技术研发上已积累诸多，再加上上市后的资本加持，长城汽车的轿车梦再一次浮现。随着汽车产业政策的调整，2007 年，长城汽车终于拿到轿车生产资格证。然而，初步试水轿车，公司却迎来当头一棒。惨痛教训使得长城汽车对于如何造车、造什么样的车，有了更加深刻的认知。

打造自主品牌

2004年，第28届奥林匹克运动会在雅典举办，这是世界体坛的盛事，也是全球的盛事，更是对中华民族具有里程碑意义的盛事。

108年前的1896年，第一届现代夏季奥林匹克运动会，就是在希腊雅典举办。因此，对于希腊和雅典而言，2004年的奥运会具有非凡的意义。雅典人民打出"欢迎回家"的口号，只为庆祝时隔108年之后的奥运会再一次在自己的家乡举办。

对于中国来说，这一届奥运会同样意义非凡。刘翔仅用了12秒91的时间打破了奥运会纪录、世界纪录，夺得了中国田径项目上第一个男子奥运冠军，开启了属于自己的"飞人"时代；一代跳水女皇郭晶晶，获得了女子单人三米板与女子双人三米板双料冠军，开启了自己跳水生涯的黄金时代；姚明、杜丽、张怡宁等人，在雅典奥运会上同样大放光彩。

中国人民以空前的热情关注着雅典奥运会，关注着中国健儿和每一项赛事。最终，中国以32枚金牌数位列奖牌榜第二名。雅典奥运会闭幕式上的中国八分钟，将整个中华民族的自豪感和凝聚力推向高潮。

这一年，是中国民族意识崛起的一年，不管是在体育还是文化，抑或工业发展上，"走自己的路"成了一种共识，人们终于意识到，如果仅仅借鉴西方和学习西方，而没有自主意识和自我觉醒，"更高更强"将只是一句口号，改革的深化和长远的发展将浮于表面。

对于中国的汽车工业而言，自主品牌意识的崛起更是显得尤为关键。在数十年的砥砺前行之下，中国的汽车工业经过了第一阶段的闭门造车、第二阶段的合资合作，在新世纪到来之际，即将进入自主开发的新阶段。从20世纪90年代末到21世纪初，中国自主品牌车企的进步有目共睹，无论是技术、质量、工艺，还是市场份额，都取得了长足的进步。

在2004年4月举办的上海国际车展上，更是强烈地散发出民族车企品牌当自强的信号。中国汽车自主品牌厚积薄发、大放异彩，各家车企纷纷推出自主品牌的概念车和新车，新车型达20多款。吉利、奇瑞、比亚迪等中国本土造车者纷纷发力，以全新的形象、无限的活力刷新了国内外参观者的认识。从这次车展人们强烈意识到，中国自主汽车品牌以顽强的姿态，站在了舞台之上，终于可以与国际各大汽车巨头分庭抗礼、一争高下。

自立自强成为下一阶段中国汽车工业发展的主旋律。顺应这一大趋势，人们对中国的汽车产业多了一些反思和一些呼吁。人们开始重新思考和正视"以市场换技术"的利弊两端，并真正意识到，拥有自主开发能力将是中国汽车工业的最终目标和归途。

这一年，在民族自信心空前高涨之下，无数有识之士热切呼吁，要振兴中国汽车工业、建立汽车强国，要造中国人自己的汽车，要走自主开发之路、加快自主研发的步伐，要向日韩两国汽车工业的发展学习，等等。

那么，2004年的中国汽车工业，离自主研发、自立自强的目标还有多远？又将如何提高自主研发能力，踏上最终的归途？而要达到这一目标，我们最缺的又是什么？

虽然中国汽车产业自主品牌的意识已经崛起，但在实际考量上，中国本土汽车制造商和国际汽车大品牌依然存在不小的差距。规模小、技术含量低、品牌知名度底，不管技术层面还是文化层面，中国的汽车品牌依然有着巨大的发展空间。此外，中国的自主品牌较多集中在载货车、客车领域，而在更为高端的轿车领域，自主品牌相对较少。吉利、奇瑞等自主轿车品牌，虽然在国内轿车市场上能分得一杯羹，但却一直徘徊在低端轿车领域，通过低价获取一定的市场份额。

因此，中国自主汽车品牌面临的最大问题，是如何在竞争激烈、前后夹击的市场状态下突围，提升技术水平、夯实研发实力、提高自主品牌的影响力。

怎样一步一步地解决以上问题，并实现突围，成为困扰中国自主车企品牌的关键环节，同样，也是困扰长城汽车的一大难题。带着种种困惑，中国的自主品牌车企依然在摸爬滚打中继续行进。

2004 年，吉利汽车年销售突破 10 万辆，李书福积极谋求香港上市；奇瑞汽车年销达 16 万辆；比亚迪即将推出自主研发的品牌轿车 F3。此时的长城汽车和魏建军，也正在迎来一场巨大变革。

同中国的自主车企品牌一样，长城汽车也面临着某种类似的困境，如何实现突围、如何打入主流轿车市场、如何实现长城汽车的再一次大跨越，除了规划中即将分批投入的 100 亿资金，公司需要的，还有永不言败、一战到底的决心。而这种决心，也是整个中国汽车自主品牌所需要的。

拿到轿车"准生证"

在整个民族工业和民族品牌即将崛起之际，河北省保定市的长城汽车，依然在为一张轿车的"准生证"所困扰。当年，正是由于这张迟迟无法得到批复的"准生证"，促使公司转而寻求其他赛道，从最初的决定转战皮卡市场，到从皮卡市场进军 SUV 市场，已经过去了八个年头。

虽然在皮卡和 SUV 两大领域，长城汽车成绩喜人，稳稳保持领先地位，也通过 SUV 车型实现了长城汽车进城梦，但多年来无缘主流轿车市场，只能从旁眼观吉利、奇瑞、夏利等轿车品牌的先后崛起壮大，这一直是长城汽车的巨大遗憾。对于公司尤其是魏建军而言，从小深埋心中的造车梦，似乎只有在轿车业务上，才能得以真正意义上的实现。不管造皮卡还是造 SUV，都是退而求其次的 B 方案而已。

2004 年的长城汽车，年销量达 47400 辆，首次入选了中国企业 500 强；荣获了"中国民营上市公司十强""河北省民营百强企业"之首的殊荣；皮卡连续七年在中国市场销量第一，SUV 连续两年在 SUV 市场销量第一；皮卡、SUV 出口量达 7100 辆，在中国同类产品中七年累计出口量第一；这一年，公司决定将长城技术中心正式更名为长城技术研究院，对标奇瑞技术研究院 1000 名研究人员的规模，加快自主研发的步伐。

上市一年以来，长城汽车在以肉眼可见的速度迅速变化、成长，愈发成为中国汽车自主品牌领域一股重要的力量。

然而，2004 年的长城汽车，依然没有拿到轿车生产资格证。

2004 年 6 月 1 日，经国务院批准，中国国家发改委正式颁布实施《汽车产业发展政策》，此政策一出，让长城汽车从中看到切入轿车市场的一丝希望。此时距离 1994 年国家颁布《汽车工业产业政策》，已经过去十年。这十年是中国经济迅速崛起的十年，也是中国汽车产业飞快发展的十年。

十年间，合资合作的汽车品牌似汹涌浪潮般以倾注之势大举占领了中国国内汽车市场；十年间，中国汽车民族自主品牌从无到有，穿越风霜雪雨，从萌芽状态到挺拔之姿，获得了世人瞩目的成就；十年间，普通中国人拥有一辆属于自己的汽车，从一个遥不可及的梦想逐渐成为了一个日常实用的需求。

中国的汽车市场在这十年间迅速升温，且这种势头依然处于上升状态。东风渐起渐有力，这一市场潜力巨大、空间无限，振奋着人们的信心，增强着人们的勇气。不管是各大合资品牌的还是一众自主品牌，都对中国车市的明天寄予了殷切的希望。在这种背景下，中国的《汽车产业发展政策》顺势而生。

与 1994 年的《汽车工业产业政策》相比，2004 年的《汽车产业发展政策》对中国汽车产业的进一步发展作出了更为理智和灵活的判断，明确提出要减少行政审批，依靠法规和技术标准引导产业发展，并鼓励自主汽车品牌提高研发能力和科技创新能力，鼓励自主研发具有自主知识产权的产品。

其中，第四十七条第四则规定：新投资轿车项目的汽车生产企业应具备批量生产汽车产品的业绩，近三年税后利润累计在十亿元以上且具有税务证明，企业资产负债率在百分之五十以内，银行信用等级 AAA。第四十七条第五则、第六则和第四十八条对上述规定的细节继续进行了明确和规范。

正是《汽车产业发展政策》中的这几条细则，让长城汽车看到了新的希望和曙光。根据这一细则，长城汽车只要具有相应的资本优势，在一定的阶段内符合其所规定的某种程度的盈利能力，具备整车配套的发动机的生产能力和独立研发机构，即可向相关机构申请轿车生产资格。

从1994年到2004年，此时的长城汽车已经今非昔比，不管是在自有资金还是在品牌影响力上，都已经跨入国内车企的前列。因此，此政策一出，给长城汽车送来了最关键的一颗定心丸。公司的决心至此更加坚定。

十年磨一剑，霜刃未曾试。十年的苦寒磨砺，造就了企业发展的沉稳、谨慎以及高效的决断力；更造就了长城汽车立足自主研发，永远保持在逆境中前行的内驱力。

资金、技术、政策、时机、企业需要发展壮大、品牌亟待战略升级，无论从哪个角度衡量，此时的长城汽车都应该迅速切入轿车市场，都到了切入轿车市场的时候。因此，自《汽车产业发展政策》颁布后，长城汽车便一改昔日口风，开始对外宣称自己即将进军轿车领域。公司也马上向相关部门申请了资格审批，接下来就是等待审批顺利通过。

即使暂时没有拿到轿车生产资格证，公司决定不再等待，而是开始积极部署各项具体工作。既然当初自己能以百分之百的热情将皮卡和SUV这两个冷门做热，那现在以同样的劲头投身轿车项目的开发，长城汽车相信，这一次，依然错不了。

兵马未动，粮草先行。此时的长城汽车，一边积极寻求轿车"准生证"的批复，一边着手准备轿车生产的资源调配。2004年，长城汽车二期零部件基地首批合资企业投建；2005年7月1日，投资高达20亿元的长城汽车工业园三期奠基，预计两年后建成投产，将具备20万辆轿车生产能力。这一举措表明，长城汽车将正式由SUV领域转战轿车领域。

2005年，中国汽车产业集中度下降，欧美系老牌汽车品牌销量滑落，日韩系汽车品牌在中国市场崛起，中国的自主品牌影响力进一步提升，奇瑞、夏利、吉利等汽车品牌的销量全面上升。

其中，夏利年销量超 17 万辆；奇瑞销售突破 18 万辆，奇瑞 QQ 突破了 10 万辆销量大关；吉利汽车年销售量达到 13 万辆，且吉利汽车于 2005 年 5 月 10 日成功实现了在香港整体上市，并于 9 月 12 日代表中国汽车自主品牌参加了第六十一届德国法兰克福国际车展。

而 2005 年的长城汽车，一边紧锣密鼓地推进轿车项目上马的具体事宜，一边推出了 K1 项目新车哈弗。随着长城工业园第一期 10 万辆整车生产基地的竣工，长城汽车的产能再度扩大。这一年，长城汽车的整体销量为 57000 辆，出口突破 10000 辆。

2006 年，依然是长城汽车等待的一年；直到 2007 年深秋，11 月 7 日，长城汽车的轿车生产资质终于正式获得批准。此时距离《汽车产业发展政策》的颁布，又过去了 2 年多。从 1994 年算起，12 年的等待似乎很漫长，又似乎只在弹指之间。

长城汽车拿到轿车生产资格证的整个历程，堪称一场圆梦之旅。不管是魏建军内心深埋的造车梦，还是长城汽车担负的来自外界的种种期许之梦，这些梦都交织缠绕在这 12 年间，最终梦想照进现实，长城汽车终于可以踏上自己的圆梦之旅了。

百亿造车，黯然停产

2007 年 10 月 29 日，长城汽车邀请到了全球 78 个国家和地区的经销商、服务商、配套商，以及 600 余家国内车企同行，高调地举行了一场庆祝仪式。

此次庆典，一为庆祝长城汽车终于拿到了轿车"准生证"，同时庆祝长城汽车工业园 20 万辆乘用车基地建成投产；二为庆祝精灵轿车、嘉益 MPV 成功下线，同时也为庆祝长城汽车全球新标识正式启用。盛大的仪式、欢乐的人海，这一刻，所有人都相信长城汽车未来将能在轿车领域大展身手，相信其首款轿车精灵，必将承载魏建军十余载的造车梦，为长城汽车赢得更多的掌声。

没有人能料到，仅在不久之后，长城精灵轿车便从一个故事变成了一次事故。企业全面停产，公司的造车梦触礁而折，遭遇了重大危机。这次事故一如长城汽车在客车领域的失策之举，亦被刻石为鉴：2007 年，因顾客价值识别不充分，导致精灵车型产品定位不准确，市场销量低，生命周期短。

长城汽车进入轿车领域之时，中国的乘用车市场已然是一片红海，各路英豪相逢于此，其竞争之激烈超出想象。长城汽车以往的所有积累和资源，都集中于皮卡和 SUV 两个赛道，这两个赛道积累的品牌影响力，是否能成功转移到轿车领域？这两个赛道所实施的差异化产品战略，在轿车赛道上是否依然有效？长城汽车目前的自主研发能力，是否足以撑起更为高端化的轿车产品的开发？

这一次的战略大转移，这一次对于轿车领域的突围，必定是一场直面市场、直面竞争的硬仗，需要制定新的战略，运用新的战术。国内企业进军轿车领域不是没有失败的例子，夏利的江河日下和力帆的资本无底洞便是近在眼前的前车之鉴。因此，对于公司整体而言，进军轿车领域，虽然是必然之举，却也顶着巨大的压力。

重压之下，长城汽车的高层依然保持着乐观积极的态度，他们认为国内的轿车市场未来还有很大的发展空间，相信凭借多年在市场积累的经验和资源，长城可以以最快的速度打入轿车市场。对于长城推出的第一款轿车，精灵汽车，公司全体寄予厚望，对它倾注了大量心血，抱有很高的期待。

为了这一轿车梦，长城汽车已经等待了太久。

兴奋与压力交织，情感与理智碰撞。长城汽车着手为轿车项目所做的种种准备，除了搭建工业园、搭建更完整的技术研发中心、大力开发自主产权发动机产品，还积极谋求更多资本的注入，并于2006年5月18日成功实现H股在香港增发[1]，再次募得16亿港元。此后，公司开始计划回归A股，但这又是另外一个故事和另外一条坎坷之路了。

关于长城汽车为轿车项目所做的一系列计划和准备，最为外界所熟知的便是著名的"307计划"。这一计划展现了长城汽车进军轿车的勃勃雄心。"307计划"显示：长城汽车将自2007年6月1日起，到2010年12月31日，用三年零七个月的时间，把长城汽车的轿车品质做到国际同类产品水平，销量逐步达到国内自主轿车品牌NO.1。这意味着，长城汽车将展开第三次冲击冠军之战。这一次公司要夺取的，是轿车的冠军。

---

[1] 增发：即增加股票的发行量，以获取更多融资。

另外，在"307 计划"实施期间，长城汽车将逐步实现在轿车领域投资 100 亿元，其中，工业园第三期轿车基地新建设施投资 30 亿元，工业园二期配套零部件基地整体建设投资 40 亿元，新产品研发投资 30 亿元。

这一计划公布之后，长城汽车百亿元造轿车的概念和决心，震动了国内车坛。长城汽车即将作为轿车领域一支新生力量，与奇瑞、吉利等自主品牌和一众合资品牌正面对决。对于长城汽车在战略上的大跨越，众多同行和消费者翘首以待，希望一睹魏建军在轿车领域崛起的风采。

2006 年 11 月 16 日，以长城精灵汽车领衔的三款长城微轿汽车：精灵、炫丽、酷熊，在北京国际汽车展亮相。精灵汽车定位为时尚经济型多用途轿车，它车身小巧轻便，造型时尚活泼，乘坐舒适，油耗低；炫丽汽车的造型更加大众化，定位为偏运动风格的中低档家庭用轿车，同样节能环保；酷熊则顾名思义，是一款极具个性的微型轿车，其线条硬朗、造型新颖，车内宽敞，为个性改装留有极大空间。

这三款轿车的诞生建立在了一个较高的起点上，此时长城汽车在新产品的开发上已经确立了研发先行的理念。不管是外形设计还是零部件供应，多年来长城汽车在自主研发领域和垂直整合方面的积累，为三款轿车的研发工作提供了充足的支撑。

2007 年 10 月，经过精心的策划与准备，长城精灵轿车高调下线，标志着长城汽车正式进军轿车市场。同时，长城汽车官方公布了精灵轿车的高品质小车概念，价位介于 4.39 万元到 5.39 万元。

2008 年 4 月，长城汽车安全试验室正式投入使用。长城精灵轿车和长城嘉誉 MPV 在这里完成了国内首次正面对碰试验。长城汽车以此举向市场坦陈自己一直所秉持的"品质第一"的经营理念。然而，在高品质之下，是居高不下的制造成本、营销服务成本等，这一切的投入都将反映到价格上，最终形成了轿车的品质和价格双双高于消费者综合心理期待的局面。

自上市后，长城精灵轿车的销售成绩便一直不太理想。月销不足千辆的成绩，不足以让长城汽车在轿车市场站稳脚跟。到了 2009 年，长城精灵轿车宣布全面降价，并推出升级版精灵 CROSS 车型，但仍然难挽其低迷的市场表现。在市场上，已经有消费者和行业人士认为精灵轿车可以停产了。

悲观的情绪出现在长城汽车内部，甚至引爆了公司高层的分歧。在技术主导者看来，精灵轿车的品质没有任何问题，其市场表现不佳是营销不到位。而销售领域的主管则不这么认为，销售部门坚持认定，品质无法完全主导市场，营销也并非无所不能。最终通过一份详细、理性、客观的市场分析报告，公司高层都意识到了精灵失败的根源所在。

其后，随着长城炫丽轿车、酷熊轿车等新款车型的纷纷上市，以及哈弗的逐渐崛起。精灵轿车逐渐淡出市场，淡出人们的视线，直到黯然退出，完全停产。

精灵轿车事件作为长城汽车造车史上最大的滑铁卢事件，如今被作为一个典型的反面例子，警示着所有的长城人。前事不忘，后事之师。这件事更使得魏建军意识到市场的残酷，以及在开发新产品过程中，尊重市场规律、尊重经济发展规律的重要性，也使得公司整体更加注重内省和反思，并将此忧患意识和危机意识传递给所有长城人，增强整个企业应对复杂变化的敏锐度和快速反应能力。

多元化布局

长城精灵轿车折戟沉沙，使长城汽车的轿车之路遭遇危机，公司的造车梦也一度陷于低落状态。给人稍许希望的是，当初公司在布局轿车产品线时，已经做好了打持久战的准备。精灵轿车是这场战争的先行军，其后还有三款系列研发的新款轿车排队等待上市。

其中，炫丽轿车排在第二位，在精灵轿车上市一年之后，炫丽轿车高调登场。

炫丽轿车的市场受众定位非常明确，即城市内崇尚时尚生活的青年群体和家庭。这款车以充满活力的时尚外形设计、精良的内在装配、宽敞的车内空间、丰富的配置和先进的动力系统，向消费者精准传达着魏建军关于科技、时尚和精美为上的造车理念，也展示着长城汽车精益至上的企业文化和勇于挑战、敢于创新的企业价值观。

2008年11月6日，长城汽车工业园内举办了一场绚丽轿车的上市发布会。长城汽车官方公布炫丽的价格为5.39万元到5.79万元，并宣告称，炫丽轿车天生是一款面向全球的微轿。发布会上，魏建军向在场来宾献上了一个惊喜节目，他驾驶长城精灵轿车玩起了漂移，这场特技表演成为这次发布会为人所津津乐道的一个环节。公司想以这种形式，表达对长城轿车以高品质征服市场的信心。

显然，相比长城精灵，绚丽轿车承担了更为特殊的使命，长城汽车是否能以新款轿车再次树立起在轿车市场的品牌形象，挽回因首款轿车失败所造成的市场的担忧，能否踏出成为新一代微轿之王的脚步等重担，都落在了炫丽轿车的身上。

炫丽上市之后，市场表现胜过当初的精灵。其首月产销 1500 辆，次月产销 3000 辆，第三个月的产销量升至 5000 辆。至 2009 年上半年，炫丽产销量达到 23000 辆，长城汽车的全体人员，终于可以稍微松口气了。

但是，绚丽轿车的成绩虽好过精灵，但还远远没有达到公司预期的理想销量，也没有达到能让长城汽车在轿车市场打开局面、树立形象的程度。

后来，长城酷熊轿车于 2009 年 3 月份登场上市，这一款以追求个性化的男生为主要销售对象的小车，市场表现亦不容乐观，很快便黯然退场。最终同精灵轿车一样，酷熊轿车之失败案例也被刻在了长城汽车"前车之鉴"的石头上：2009 年，因市场调研不充分，导致酷熊车型造型设计过于个性化，量产后市场表现不佳。

再之后的长城 i7 轿车，更是没有激起太大的水花，便消失于众人的视野。

2008 年 10 月底，与长城精灵同期上市的还有长城嘉益 MPV，这款车定位为一款七人座的高端商务车。作为长城汽车首款自主研发设计的 MPV 车型，当初公司专门成立了一个项目组，为其倾注了长城汽车顶级的技术资源和雄厚的资金支持。嘉益上市价定在 12 万元左右。

由于上市时机问题，当时国内汽车市场对于高端 MPV 的需求量较小，嘉益的上市表现令人叹息，虽然嘉益在 2009 年曾一度以一万元的降价幅度跌破历史低价，依然没有使其销量有任何起色，最终嘉益也以停产告终。

2010 年，嘉益升级版更名为腾翼 V80，于当年 8 月份正式上市。这款车凭借一定的性价比优势在内地车市一度活跃，最终依然惨淡收场，宣告失败。

从香港上市时的欢腾鼓舞，到其后几年在轿车领域的一次次失利，长城汽车的三级跳并未如期待的那样顺利过关。公司所期待的多元化汽车产品布局，在无情的现实面前显得略有冒进，并且过于理想化。

对于长城汽车来说，当初进军轿车市场，很大程度是在天时、地利、人和等多种因素交织之下，一个水到渠成的结果。当然，以魏建军为主推力的公司高层，一直希望能够切入主流市场的迫切期待，也是其中的重要因素之一。

如果从企业发展战略的角度来看，多元化的产品布局一直是传统制造业所谋求的最佳战略选择。首先，产品多元化有利于分散企业产品线过度单一化隐藏的风险；其次，能为企业找到新的业务增长点和盈利点；第三，能够使企业在资本、品牌等方面获得进一步的积累，并可以使企业现有资源得到充分利用。

虽然多元化产品战略优点很突出，但它的缺点也一样明显。这一战略将大大削弱企业的聚焦力，分散企业管理层的注意力，分散企业的资源分配。新产品的研发投入和后续的市场跟进都是一个巨大的资本无底洞。新行业新领域的进入和退出都存在潜在的风险，企业需万分谨慎。

对此，魏建军后来曾感慨：上马一个项目相对容易，撤掉一个项目却难上加难。

好在，长城汽车的轿车项目虽然没有取得预期的成绩，但它没有因为资源和精力的分散而失去自己在皮卡和SUV两大领域的既有优势。

2004年，在长城汽车全方位启动，做好切入轿车市场的准备之时，长城的皮卡和SUV也没有因此停摆，而是和轿车项目一起推动，齐头并进。长城皮卡依然保有迪尔、赛铃和赛酷三大系列九个品种，SUV则依然以赛弗、赛影、赛骏为主打车型。

在连续多年的积累下，长城皮卡的品质日益提升，随着长城汽车自主研发能力的增强，更是加快了升级换代的速度。2006年，长城皮卡首款高端皮卡风骏正式下线，这也是国内首款全球版高端皮卡；2009

年 9 月，风骏获欧盟整车型式认证；2010 年 3 月起，长城汽车开始专注于风骏系列品牌的研发与打造，同时停产了赛铃和赛酷。长城皮卡最终走上了高端化研发之路，其皮卡领域的冠军地位一直无人可及。

在皮卡之外，长城 SUV 系列品牌的市场成绩也相当优秀。2005 年 3 月，长城汽车 10 万辆生产基地竣工之时，也是长城哈弗投产之日。次年哈弗上市，自此这一品牌开始其奇迹般晋升之路。在长城汽车众轿车纷纷沉没于市场大浪之际，哈弗意外地收获了巨大的成功。

皮卡、SUV、轿车，三大领域同时涉足期间所遭遇和经历的种种情状，或成功或失败，终将成为过往，留给长城汽车的更多是珍贵的反思。企业如何向前走得更稳？企业做大做强还是做精做专，是做减法、做加法还是做乘法？是将鸡蛋放到一个篮子里，还是放到多个不同的篮子里？

对于以上疑惑，在这段时期之后，魏建军有了更为深刻的思考，这将有助于公司在未来形成更为明确的经营战略和更为清晰的发展蓝图。

人才为王

进入 21 世纪之后，中国的经济发展开始提速，进入了一个更为深化的变革和调整的阶段。尤其是在加入世贸组织之后，中国与世界接轨，不管是经济还是文化，都纳入了世界一体化发展进程。国内各行各业都经受着全球化的冲击和考验，作为国家重点发展的汽车行业自然也不例外。

虽然中国汽车行业在"狼来了"的呼声中，已经做好了长足的迎接挑战的准备，但真正直面风浪咆哮之时，有识之士们才深刻意识到，全球一体化不是简单的融合和接纳，而是一场更为激烈的市场争夺战。已经从合资合作时代走入自主研发时代的中国汽车行业，若要加快自主汽车品牌的发展和升级，除了需要充足的资金支撑，更需要大量人才尤其是大量高端人才的加盟。

事实上，对于任何行业和企业而言，资金和人才都是其在发展过程中最易出现短缺的两大资源。这两大资源是企业可持续发展的基石，缺一不可。资金短缺将导致企业无法全力投入各项研发和建设中，难以做大做强；人才短缺将导致企业的产品品质以及管理模式在低水平、低维度徘徊，无法做到品质保障和品牌升级。另外，人才对一个企业长远和稳健的发展更具有本质的决定力和推动力。

因此，一汽集团总经理竺延风在 2004 年初某次采访中曾对媒体表示，中国汽车业的竞争归根结底是人才的竞争。话音未落，一场人才争夺战已经在中国汽车行业内上演。不管是各大跨国车企还是自主品牌车企，都意识到了人才的关键性和重要性，纷纷加入了人才争夺战。

从市场之争，到资本之争，再到人才之争，中国汽车行业的竞争处于不断升级的过程。

反过来看，对于真正的人才来说，他们都怀抱理想，拥有一腔热血，希望能在一个合适的地方找到自己的用武之地，实现社会价值，进一步实现自我的人生价值。恰逢中国汽车自主品牌意识苏醒之际，包括长城汽车、吉利汽车、奇瑞汽车在内，这样一批注重自主开发的民营车企，就成了这些人才最理想的舞台和归宿。因此，诸多欧美留学归国人员，以及一批曾在欧美国际汽车品牌企业担任要职、得到锻炼的高级核心人才，纷纷归国支持并参与国内汽车产业自主品牌的发展与崛起。

2004 年，刚刚完成香港上市的长城汽车，已经初步充盈了下一步发展所需要的启动资金，接下来让魏建军辗转不能寐的，便是对各类汽车人才的招揽和吸收。相比资金而言，人才的流动更为自由，具有更多的不确定性。

多年来，长城汽车在人才的培养和挖掘上从未懈怠。人才的来源分两种途径，一是从外部直接招揽企业所需各类人才；二是从企业内部发现、培育和提升新生人才力量。

对于第一种途径，虽然已经有很多汽车行业精英人士加盟长城汽车，但在企业高速增长以及战略转型阶段，公司对于顶尖人才依然求之若渴。曾于长城任职的王炳勇博士和韩志玉博士便属于此类外招高端人才。对于第二种途径，公司一直着力于提升企业员工整体专业素质，不管是全员培训还是独特企业文化的灌输，都是对整个队伍的一种能力提升。

2004 年，长城汽车技术中心升级为长城汽车技术研究院；2007 年，长城汽车技术研究院被授予国家级企业技术中心。这期间，公司对于人才的渴求达到了空前的规模。长城汽车一直向外界释放一个信号：

长城缺人，还是缺人，很缺人。

奇瑞的技术研究院于 2004 年先一步达到千人规模，并计划最终达到 5000 人的规模。吉利李书福也诚意招揽各路人才，并成功纳入许多业界重量级人物。不仅这些兄弟企业的人才战备搅动着魏建军的神经，下一步长城汽车的大跨越也明示着对人才的必然需求。

虽然长城汽车内部有些声音表示，不太理解公司为何如此大动干戈招收这么多技术研究人员，但公司诸多高层的心里清楚，这是长城汽车下一步发展的基础所在。公司从整体上了解福特、通用和丰田等国际大公司的人才战略，也知道自己与前者的差距在哪里。

这一阶段，长城汽车充满活力、极具前景的发展状态，自然也吸引了很多汽车业精英人才的关注。在一次次的会面、沟通之下，许多人加入长城汽车，与长城人一起开创属于长城汽车的新时代。不过，人才的吸收和培养并不是一时的，而是伴随一个企业发展全历程的关键事项。因此，公司从未停止对优秀人才的挖掘、培养与吸收，也从未揭下自 1990 年以来便张贴出的那张长城汽车的招贤纳士榜。

第九章

聚焦 SUV，进军海外

　　全面开花、大杀四方固然痛快且令人神往，但多条业务线同时作战的方针显然并不适合当前的长城汽车。痛定思痛之后，长城汽车决定实施聚焦战略，暂时放下轿车业务，将全部火力主要集中在 SUV 上。正是这一次的战略大调整，带来了公司的又一次辉煌与繁盛。

实施聚焦战略

2010 年，距离新世纪的到来已经过去十年。人人都知道，十年树木，百年树人。但又有谁能得知，一个企业需要多久才能成长为一棵参天大树？ 2010 年，又经过了十年的前进与发展，中国车企除了那些跨国大公司，自主品牌中可有能称之为参天大树的企业吗？

2010 年 3 月 28 日，吉利汽车收购沃尔沃轿车公司的最终股权收购协议，在瑞典的哥德堡市的一座办公楼里，进行了签字仪式。李书福为中国吉利集团董事长，刘易斯·布思为美国福特集团首席财务官，当双方在这份协议书上签下各自的名字时，也标志着李书福完成了对沃尔沃的收购。这是中国自主车企品牌的壮大与成长，也是吉利汽车以一种独特的形式，走向全球、走向国际化，并向世界证明了自己的实力。

对于收购沃尔沃这一有着八十多年历史的国际知名高端轿车品牌，李书福表现出了极大的耐心和决心。此前，李书福已经分别于 2006 年和 2008 年，与英国锰铜控股公司合资成立了上海英伦帝华合资公司，并收购了全球排名第二的澳大利亚 DSI 自动变速器公司。这些都在一定程度上扩大了吉利汽车的业务规模，完善了其汽车制造垂直产业链，为 2010 年顺利收购沃尔沃在声誉和实力方面打下了良好基础。而收购沃尔沃这一举措，将成为吉利汽车在品牌升级战略上走向高端的关键一步。

其实，早在 2007 年，李书福就已经开始着手对吉利汽车实施全方位战略转型。一直以轿车为主营产品的李书福，看到了汽车行业的未来需求，提倡要造安全、环保、节能的好车。因此，李书福决定对吉利的轿车产品，不管是在价格、性能、品质，还是在品牌方面，都将一步步实现全面升级。

2010 年，借助对沃尔沃的收购，吉利汽车声誉大涨。当时的吉利旗下共有三个品牌，分别主打大众、时尚、高端三个领域，定位明确，呈现出清晰的层次感。当年，吉利汽车年产销量达 33 万辆，销售收入 165 亿元。对于中国汽车行业而言，吉利汽车从此以一个全新而强大的汽车品牌形象站了起来。

如果论多品牌战略先驱者，奇瑞汽车可谓当仁不让。2009 年，奇瑞汽车突破年销量 50 万大关，风头强劲。正是从这一年开始，奇瑞汽车正式宣布实施多品牌战略，开始以中高端姿态进军微轿市场。至 2010 年，奇瑞汽车分为四大主力品牌，其中仅奇瑞品牌下便有五个子品牌。最终因品牌谱系过于复杂，且定位模糊，导致其内部形成了自我竞争，内耗严重。奇瑞汽车的首次多品牌战略，以及冲击中高端轿车市场的行动，并没有实现顺利突围。为此，自 2010 年开始，奇瑞汽车曾一度陷入一段漫长低沉的徘徊调整期。

而此时的比亚迪，在几年的潜心准备之下，稳健发展，以后起之秀的姿态一跃成为中国汽车行业的一颗明星。2009 年胡润中国百富榜上，王传福以 350 亿的身家成为中国首富。身为"电池大王"的王传福，他的汽车梦略显特别。王传福的醉翁之意并不在燃油车上，他的终极目标是要打造中国乃至世界电动汽车第一品牌。

相形之下，2010 年的长城汽车亦有着自己独特的体验和思考。

此前，长城汽车的轿车市场切入之路坎坷丛生。仅是拿到轿车生产许可证便让魏建军等待了多年，之后长城汽车于 2008 年前后推出的一系列轿车品牌，都没有取得理想的成绩。公司曾一度陷入犹豫和摇摆，一方面要面对国内轿车市场的巨大潜力和高增速的巨大诱惑，另一方面则是长城汽车在进入轿车市场初期因战略上的失误而导致的信心的丧失以及时机的延误。

此时的长城汽车，纠缠于皮卡、SUV、轿车、MPV 各条战线之中，公司的全体高层，大有"只缘身在此山中"的困惑与迷茫。此时的长城汽车人，想起了曾经令他们大为称奇并深以为然的"定位理论"。

2008 年，长城汽车进军轿车领域之时，就已经与里斯中国结成了战略合作关系。在公司因失利于轿车市场而深陷纠结时，里斯中国为长城汽车提出了"聚焦战略"：先找准企业的定位，再做好品类聚焦，通过打造品类优势提升品牌优势。自此，长城汽车的产品品牌开始了全新规划，并逐步做减法。

2009 年，长城汽车在上海车展发布三大类别品牌，宣布将旗下所有产品品牌归为三大类别：风骏皮卡、哈弗 SUV 和腾翼轿车。随着对企业的定位做了全新调整，2010 年，长城汽车确定定位为"做品质最好的中国汽车"，打出"中国造，长城车"的口号。在其后的发展中，长城汽车的定位和聚焦战略一直在随着市场的发展进行着调整，但不管怎样调整，都以定位理论为指导。

正是从 2010 年左右开始，一个日渐清晰的全新战略蓝图逐渐呈现在了所有长城人面前，指导了长城汽车往后数年直至今时今日的发展与变革，成为长城汽车发展史上又一次关键转折点。

值得一提的是，2010 年，长城汽车虽然在年销量上不敌吉利汽车和比亚迪汽车，但在净利润上却比这两家公司高出许多。长城汽车当年以 26.98 亿元的净利润被称为中国最会赚钱的自主车企品牌。并且，长城汽车在皮卡这一传统领域已连续 13 年保持国内销售冠军，在 SUV 领域也已连续 8 年稳坐年销量冠军之位。同年，长城汽车在海外市场以 49955 辆的销售成绩，收获了 30 亿元的销售额。

2010 年的长城汽车，职工已达 28000 余人，下属控股子公司 30 余家，拥有皮卡、SUV 和轿车三大品类，拥有 50 万辆整车生产产能，具备发动机、前后桥等核心零部件的自主配套能力。

通过残酷的市场实战，长城汽车获得了痛苦的教训，也获得更为清醒的认知。最终，结合里斯公司的分析与建议，公司决定忍痛放弃轿车市场，专注于 SUV 领域。面对中国内地车市蓬勃发展且利润率较高的主流轿车市场，长城汽车在付出巨大的代价之后，最终选择抵挡住这一危险诱惑，决定将鸡蛋放到一个篮子里。

自此，长城汽车聚焦之路正式开启。对于长城汽车依然实施的聚焦战略，2010 年一位长城高层接受采访时表示：长城也曾像其他企业一样，想做得更多，比如做大客车、做轿车。这导致长城失去了聚焦力，资源被分散。痛定思痛，长城在失败中积累了宝贵的经验，并认识到规模和数量不是第一位的，更不是简单的产品品类的相加。

对于长城的未来发展规划，长城高管层回应道：品牌价值的提升是一个企业做大做强的本质牵引力。品牌的建设并不是什么都做，必须有所取舍，必须聚焦。多年来，长城在皮卡和 SUV 领域的成功也充分证明了这一点。从此，长城将以打造百年汽车品牌为目标，继续全身心地投入汽车领域，坚持做汽车细分市场的领导者。

经过一段黯淡的调整期，长城汽车逐渐走了出来。所有长城人在新目标指引下，怀着新的希望，将扶摇而出，奋力直上，一窥庐山真面目。

扩产能，抓研发

2010 年是长城汽车战略转型的关键年份，这一年，长城汽车除了重新对企业的定位做了调整，明确了未来发展方向之外，还有两则关键决议性消息传出。如果说，"定位理论"在精神和方向上给予长城汽车以无形的指引，那么，某种程度上，这两则消息所代表的两件事宜，则是这种无形指引的外在表现，同样以一种有形有力的存在，为长城汽车的发展打下坚实的基础。

2010 年 7 月 29 日，一则关于长城汽车的消息低调发布，消息称，当天，"长城汽车徐水零部件产业园"在保定郑重举行了奠基仪式。作为河北省的重点工程以及保定市的一号工程，这次奠基仪式受到重视，保定市和徐水县几位主要领导出席了仪式，并与魏建军一起为这一项目培土奠基。

长城汽车作为保定市制造企业的龙头和骨干企业，属于保定市整体工业布局中的重要一员。除了长城汽车，保定市还有中兴、长安、风范等数家整车生产企业和数十家汽车零部件生产企业。

保定市属于我国改革开放起步较早的地区之一。1992 年，国务院批准了 54 个国家级高新区，保定市高新区便是其中之一。其后，随着改革开放的深入推进，保定市形成了纺织、化工、机械三大支柱产业。其中以汽车工业的发展势头最优，增长最为迅速，利税贡献率也最高。

于是，保定市政府看准时机，抓住中国汽车大产业整体发展机遇，并为加快其全市汽车工业的发展，先后推出各项支持政策，并于 2003 年 8 月提出打造"华北轻型汽车城"的概念，意欲用三到五年的时间，打造辐射全国乃至世界的轻型汽车工业基地。

在"华北轻型汽车城"这一概念提出的当年，长城汽车于 12 月份成功在香港上市，极大地充实了保定市汽车产业的发展信心。随着逐年的发展与进步，长城汽车的规模不断扩大，效益稳中有升，充分发挥了其在保定市整体工业企业中的核心产业的作用，成为市整车类企业中的领头企业，持续受到保定市政府的全方位支持。

这一次在保定市徐水县投资兴建零部件工业基地，一是作为保定市汽车工业整体规划的一个环节，二是长城汽车在确定新的发展战略之后，为扩大产能所做的配套准备。此次零部件产业园项目规划总投资 162 亿元，占地面积近 6000 亩，预计建设周期为 45 个月。

零部件工业园的选址之所以在徐水县，一方面是考虑到徐水县地处京、津、石三角腹地，得天独厚的地理位置，使其具有承接大中城市产业辐射的区位优势；一方面也由于徐水县是河北省优先扶持的五大重点县之一，具备工业产业集群发展的基础和能力。

对于魏建军而言，在其决定以"定位理论"为指导，确立了长城汽车未来新的战略发展方向之后，便开始着手规划产能的扩大与研发水平的提升。此前，长城汽车于 2009 年 2 月 6 日在天津经济技术开发区举行了"长城汽车天津汽车零部件及物流出口项目"的奠基仪式，又于一年后的 2010 年 5 月 20 日在天津举行长城汽车新增 30 万辆乘用车项目的签字仪式，充分表明了长城汽车扩大产能、加快发展的决心及其所实施的举措。

长城汽车徐水零部件产业园的投建，将进一步完善其垂直产业链条，促成其保定市、天津市、徐水县三位一体的生产基地，保证其生产产能的稳步扩大。届时，徐水零部件产业园将为长城汽车实施近距离配套生产，为其 SUV、皮卡和轿车等系列未来产品提供配套产品的支持，实现基地内长城汽车年产 50 万辆的生产规模。

在长城汽车徐水零部件产业园投建三个月之后，2010 年 10 月 26 日，"长城汽车新技术中心"也在保定市朝阳南大街正式奠基。新技术中心占地面积达 25 万平方米，总投资 50 亿元，将于 2 年后完工，届时长城汽车研发中心技术人员将达到 1 万人左右。规划显示，这一新技术中心将包含造型中心、试制中心、试验中心和工程中心在内的 8 大中心，以及 4 个产品开发中心，将分别用于长城 SUV、皮卡和轿车类新产品的研发工作。

长城汽车在研发方面的高投入一直为业界所称道。早在 2000 年，长城汽车只有皮卡一条产品线期间，公司便成立了产品开发部，除了坚持对皮卡进行自主研发和创新之外，也意在为日后新产品新业务的开展做好技术研发方面的准备。

其后，随着长城汽车决定进军 SUV，实现多领域发展，2002 年，正当赛弗 SUV 作为长城在 SUV 领域的首款作品热销之际，公司高层又决议通过自主研发，生产一款更加具有突破性的经济适用型 SUV。于是，长城汽车的产品开发部进行扩大化，成立了长城汽车技术中心，后于 2003 年 9 月更名为长城技术研究院。

经过几年的发展，期间长城汽车还经历了在香港上市、在 SUV 领域夺得冠军宝座等事件，长城汽车技术研究院的人员规模不断扩大，研发实力持续增强。

2007 年，在公司决定更进一步，打开轿车市场大门之时，数年来其在自主研发和创新上的巨额投入为其轿车产品的研发提供了技术支撑。

当时，长城汽车在研发方面的累计资本投入已经超过 8 亿元，其中，建设实验中心耗资 1.5 亿元，建设模具中心耗资近 2 亿元，建设整车试制中心耗资 5000 万元，另设有碰撞实验室、造型中心、道路试验场。在其重点建设的实验中心，仅发动机实验室就有 9 个。这也是长城汽车在发动机研发技术上一直保持国际领先地位的原因所在。

虽然最终长城精灵等系列轿车没有取得理想的市场效果，但业界对其"质量过剩"的评价亦不失为一种特殊角度的美誉，是对长城汽车在自主技术研发上的另一种肯定。长城汽车技术研究院的技术研发理念、条件与设施是与世界同步的，是长城汽车不断打造精品汽车的技术保障。2008 年 10 月 12 日，长城汽车技术研究院被授予国家级企业技术中心。

2010 年，长城汽车在轿车市场的失利使公司全体在痛定思痛之后，决定聚焦 SUV 领域，实现再一次突破。此时，长城汽车在研发领域的投入已超 30 亿元，长城技术研发团队人员已达 5000 人有余，其中核心技术专家就有 500 多人。而即将投资 50 亿元兴建的"长城汽车新技术中心"便在此基础上展开。

数年深耕于汽车产业，长城人深知，对于汽车而言，技术是第一驱动力，只有在技术上不受制于人，才能真正做到造中国人自己的汽车。"中国造，长城车"，是长城汽车的新理念，也是全体长城人所要追求的新目标。

"不管什么样的技术，掌握在自己手里才踏实。"

"不做世界制造工厂，要做世界研发工厂。"

魏建军的这些话有一种强大的精神感召力，引导着长城汽车的新发展。数年的砥砺前行，公司全体上下做到了言行一致。

凭借对技术的执着和自我研发的自信，以及推动中国自主品牌立足于世界汽车之林的抱负，长城汽车科技节顺势诞生。2011 年 5 月 16 日，"长城汽车首届科技节"在保定市召开，以国际领先水平的动力、传动、生产、研发、内外饰、底盘、橡胶、电器、装备九大模块的展品展示，在业界和媒体中引起强烈关注。长城汽车借此向世人展示了公司做强自主研发，掌握核心汽车技术的雄心壮志。

H6 "封神"

HAVAL，哈弗，是长城汽车发展史上第一个宣布独立运营的品类品牌，其系列产品的研制开发是中国汽车自主品牌自主研发之路的浓缩与展现。哈弗完美地融合了长城汽车数十年发展所形成的独特企业精神和企业文化，曾被无数试图打开中国 SUV 市场领域的汽车制造企业后来者视为超越对象，代表着一种超越的气魄和向上的力量。

如今，在英文中，HAVAL 已经作为一个专属名词，多了一项单独释义，即：哈弗，长城汽车旗下品牌。而在日常生活中，哈弗的身影也早已于大街小巷中处处可见。

哈弗脱胎于长城汽车自 2002 年布局下的 K1 项目。长城汽车在推出赛弗 SUV 之后，决意要自主研发一款更高端的 CUV，属于 SUV 大军中的一员，公司敲定了这一项目，并将其命名为 K1。长城汽车除了想在汽车技术上更上一层楼之外，K1-CUV 本意也是为实现长城 SUV 产品的多样化和差异化，做足 SUV 市场的细分，继续巩固长城汽车已经在这一领域取得的不错的成绩。

作为长城汽车 K 项目系列产品的先头兵，经过两年的潜心研发，K1 定名为哈弗 CUV。这款车除了造型设计等个别方面是与国际先进公司联合开发之外，其余全部由长城汽车自主研发。近两年的时间内，长城汽车投入约三亿元的费用，专注地研发哈弗 CUV。这款车的前桥、后桥、车身、液压助力系统、电气系统、NVH 优化、在线监测系统、四轮定位调整优化等，长城汽车都完全拥有自主知识产权。

2004 年 6 月 10 日，哈弗 CUV 作为长城汽车主打新车型，与其他五款新车型一起高调亮相北京国际车展，风采尽显。当时的哈弗 CUV 依然是作为一辆集休闲和运动、越野性与舒适性于一体的多用途车来推出，与赛弗、赛影、赛骏同为长城汽车 SUV 系列产品。

最初，哈弗的英文为"HOVER"，取其"自由、翱翔"之意，价位介于 10 万到 15 万元之间，为经济型 SUV 细分市场；消费群体定位为城市白领阶层，这一阶层对于自驾车的需求更为个性化，对汽车的性能表现、外观呈现和空间大小都有独特喜好与需求；在营销表述上，哈弗将为消费者实现场景的转换，人们驾驶此车可以实现在钢筋水泥的城市森林和风清水白的乡野自然之间自由切换。

2005 年是中国汽车自主品牌佳作迭出、惊喜连连的一年。这一年，长城汽车工业园一期 10 万辆车生产基地竣工，哈弗在此新基地新车间内正式投入量产。同年 3 月 6 日，哈弗 CUV 正式上市。作为长城汽车 SUV 车型谱系中被寄予厚望的一款车型，哈弗将在上市后的十几年间，持续为长城汽车带来多重惊喜和多样贡献。

哈弗 CUV 上市之后，凭借时尚个性的外观、过硬的内在品质、精致的细部工艺与实惠的价格，受到业界好评，也受到消费者的喜爱。短时间内，哈弗便迅速超越赛弗、赛影、赛骏，成为长城汽车 SUV 系列产品中成绩最突出的一员。

2006 年到 2010 年，正是长城汽车纠缠于数条赛道之间，尤其是意欲突破轿车市场的几年。期间哈弗在销量上一直处于上升态势，每年都比上一年卖得更好。2010 年，当公司决意暂时放弃轿车市场，专注于 SUV 领域之后，将长城旗下所有 SUV 产品都归为了哈弗系列。哈弗作为长城汽车三大品类品牌之一，自此开始独具雏形。

此后，依据定位和聚焦新战略，长城汽车重新整合企业资源，将自己所有的技术资源、产能资源、人力资源等，集合为一束强光，全部打在了一个点上。长城汽车这样做的效果非常明显，不仅年销量陡增，甚至直接催生了其发展史上最畅销的一款车型，即哈弗 H6。

2011 年 8 月 25 日，随着长城汽车天津基地的启动，哈弗 H6 也官宣正式上市了。两件大事于同一天举行仪式，预示着长城汽车将以此为契机，表明自己走向世界的决心。同年 9 月 28 日，长城汽车顺利回归 A 股；12 月 20 日，在长城汽车总部，举行了哈弗 SUV 第 60 万辆的交车仪式。哈弗 H6 以哈弗系列第 60 万辆的荣耀加身，见证了这一时刻。当这辆哈弗 H6 的车钥匙由长城汽车的董事长郑重交至车主手中时，一个时代诞生了。至此，哈弗成为中国第一个销量突破 60 万的 SUV 品牌。

哈弗 H6，一款集合了长城汽车野心与雄心的 SUV。它定位精准，融合了时尚、俊朗、智能、舒适，以及豪华元素，传达着长城汽车独特的设计理念，也展现了长城人对于汽车科技的执着与信心。

自上市以来，哈弗 H6 便如离弦之箭一般，成为长城汽车销量增速最快的一款车型，是第一款销量破百万的自主品牌 SUV，被誉为国民 SUV、一代神车，被业界赞为改变了中国汽车市场的一款汽车。生逢其时的哈弗 H6，就这样一步步走上了封神之路。

2012 年，哈弗 H6 荣获"CCTV 2011 年度自主品牌车型大奖"；同年，哈弗 H6 与长城 C50 两款车型在乌克兰成功上市。

2013 年，哈弗 H6 以 217889 辆的年销量，成为当年 SUV 市场单车品牌销量之王。在世界知识产权组织和国家知识产权局联合评选中，哈弗 H6 荣获第十五届外观设计专利金奖；同年 3 月 2 日，哈弗品牌宣布独立，长城汽车从此进入长城与哈弗双品牌并驾齐驱的新时代。

2014 年，长城汽车哈弗系列产品已连续 11 年摘得国内经济型 SUV 销量冠军。哈弗 H6 作为哈弗系列产品佼佼者，为哈弗系列贡献的销量已接近其整体销量的 50%。

2015 年，哈弗 H6 获中国质量协会、全国用户委员会发布的"2015 年汽车行业用户满意度测评结果"15 万元以下 A 级 SUV 车型用户满意度冠军；同年 11 月 12 日，长城汽车天津基地举办了第 100 万辆哈弗 H6 下线仪式。哈弗 H6 上市 4 年，即实现了百万辆销量，这是中国自主汽车品牌现象级事件。我们自己的车正越来越被国人所接受与肯定。

2016 年，作为唯一一款中国自主品牌车型，哈弗 H6 获年度中国汽车行业用户满意度（CACSI）测评结果 "2016 年用户挑选汽车关注度最高的十大车型" 第一名。

2017 年，哈弗 H6 获颁年度消费者综合满意度评价最佳紧凑型 SUV 车型奖。

2018 年，据第一季度 C-NCAP 所公布成绩，全新哈弗 H6 领衔五星安全；获颁中国年度汽车金钥匙奖。

2019 年，哈弗 H6 全球累计销量达 300 万辆，获颁中国汽车金椰奖之年度最畅销 SUV。

2020 年，第三代哈弗 H6 于北京正式上市，共推出 Plus 版、Pro 版、Max 版、Supreme 版。

2021 年 8 月 27 日，"哈弗 H6 荣耀十周年全球粉丝庆典" 在成都隆重开启。全球 350 万哈弗 H6 车主、媒体朋友、经销商和供应商伙伴们向全世界展现哈弗 H6 十年来的荣耀历程。

在荣耀之外，哈弗 H6 就像一个极具个性的傲娇小王子，同样被它的几百万用户所喜爱着。他们爱它的时尚外观和多用途功能，爱它的大空间和低油耗，更爱它的国产身份和卓越品质。在百度哈弗 H6 贴吧，发帖量达到 150 多万条。人们在这里讨论它，就如讨论一位亲切的老朋友，或者一位贴心的恋人。

哈弗 H6，可以说是在长城汽车多年发展之下积累的各项汽车技术、资源、理念的集大成者。长城汽车通过这款车向世人表达着企业自身的热情与真诚，这款车也没有辜负公司的期待。哈弗 H6，一款里程碑式的作品，提振了长城汽车的信心与士气，鼓舞了中国自主汽车品牌向更高、更远处迈进。

H8 的代价

在 21 世纪的第二个十年初，随着中国人均 GDP 呈直线型曲线增长，人们的收入成倍增长，百姓的生活水平实实在在地得到了提高，消费能力、购买能力等都随之有所提升。

对于汽车市场而言，人们收入水平的提高是一个极大的利好消息，再加上这期间中国汽车市场已经出现了换车潮，很多消费者在首次购车之后，开始置换采买自己的第二辆车。对于第二辆车的需求将更加个性化，且要满足更多功能性需求。

不论是换车人士，还是首次购买汽车的人，他们对于一辆汽车的需求同十年前相比，也发生了巨大的变化。此时，人们的生活方式更加多样化，活动的空间和范围也在逐渐扩大。一辆汽车可以作为一个代步工具，更被认为是除了家以外的第二个具备私密性的个人自由空间。

那么，哪种类型的车可以满足人们当前的期待呢？放眼望去，SUV 可谓是最完美、最符合需求的一种车型。因此，在 21 世纪的第二个十年，中国汽车增速最快的细分市场，就是 SUV。欧美汽车市场和日本汽车市场在 20 世纪 90 年代左右，亦曾出现了类似的情形。

从这个角度来看，长城汽车在 2010 年的战略新定位，可谓正逢时机。这也从一定程度上解释了哈弗 H6 为何可以一跃成为一款国民神车的背景原因所在。

2013 年的哈弗 H6，夺得当年单车品牌销售冠军，可谓势头一片大好、前途无限光明。这个时候的长城汽车，欣慰之余正在忙于新品哈弗 H8 的上市准备，打算冲击更高一档的 SUV 市场。

当时，国内的 SUV 车型价格大多集中在 10 万到 30 万元之间。其中，国际大品牌所生产的合资 SUV 车型占据了高端市场，价格分布在 20 万到 25 万元，25 万元以上多为进口高端 SUV，20 万元以下的价格区间多为国内自主品牌，而这其中又以 15 万元为界线，自主品牌多数集中在 10 万到 15 万元的价格区间，少量分布在 15 万到 20 万元的价格区间。

哈弗 H6 一直定位为经济型 SUV，售价在 10 万到 15 万元。长城汽车希望可以做一款更加高端的 SUV 产品，冲击 20 万到 25 万元的价格区间，以切入 SUV 领域高端市场，与国际大品牌一较高下。

在经过研发制造等系列工作后，2013 年 4 月 20 日，哈弗 H8 以第一款国产高端越级豪华 SUV 之名首次亮相上海国际车展。在参加此次车展之前，业界对于这款在造型设计、动力配置、内饰做工等方面均达到国际级水平的 SUV，报以极大期待。

在上海国际车展上，哈弗 H8 不负众望，以其大气时尚的外观和丰富高端的配置获得了极大的关注。同年 11 月 21 日，哈弗 H8 又亮相广州车展。原本这次广州车展之行，也是哈弗 H8 正式上市之日，而且长城汽车方面已经接到许多哈弗 H8 的订单。但到了次年，也即 2014 年的 1 月 13 日，长城方面宣布延迟哈弗 H8 上市时间，延期三个月。三个月之后，长城方面再一次宣布推迟哈弗 H8 上市日期。直至 2014 年 5 月 8 日，长城汽车表示哈弗 H8 在年内不再上市。

在汽车行业，新产品上市日期因故延期虽然时有发生，但短时间内发布三次延期声明的却不多见。哈弗 H8 从 2013 年亮相宣布上市以来，三次延期，直至两年后的 2015 年 4 月，在上海车展，才最终宣布正式上市。

在初次宣布上市之前，长城汽车对哈弗 H8 的宣传非常充分，极大地引发了人们的热切关注。有哈弗 H6 珠玉在前，不管是业界人士，还是消费者，都对哈弗 H8 充满了期待。也正因此，延期事件不仅降低了买主的热情，还动摇了业界的评价，直接影响了长城汽车在 A 股和 H 股的股价，致使其股价曲线一度如过山车般数次大起大落。

在"一鼓作气，再而衰，三而竭"之后，业界不禁开始对哈弗 H8 这款豪华 SUV 能否在竞争激烈的 SUV 领域杀出重围产生了一些怀疑。但公司却对这款 SUV 保持着必胜的信心。在魏建军看来，哈弗 H8 是一款战略车型，其性价比在中高级 SUV 市场中是具有相对优势的，可以保证人们以合理的价格买到高配置的车型。

长城汽车对这款车的极大信心和期待并不是没有来由。

自 2010 年以来，哈弗系列产品的成功，尤其是哈弗 H6 的热销，印证了长城汽车全面实施聚焦战略的正确性。2011 年，长城确立了"以高科技装备支撑，高性能设计，打造高品质产品"的"三高"战略。2012 年，长城汽车在北京车展上发布了全新品牌理念，即"专注、专业、专家"，以替换其 2010 年发布的"中国造，长城车"的品牌定位。

新的战略聚焦和品牌理念表明，长城汽车将秉持专业主义精神，继续执行定位和聚焦理论，打造全球化和全球领先的品类品牌。而此时，最能代表长城汽车的品类品牌，当属 SUV 品牌。由此，哈弗 H8 的推出，表明了长城汽车聚焦 SUV 领域的战略执行力，以及做中国 SUV 全球领导者的决心。

实际上，哈弗 H8 在上市日期上的一再延迟，也恰恰是因为长城汽车对消费者负责的态度。在延期期间，长城汽车对这款车的主减速器核心部件进行了置换，并全面提升了整车配置。

但是，由于哈弗这一品牌在广大消费者的心目中已经成为经济型 SUV 的代名词，所以，虽然哈弗 H8 整体的研发制作比哈弗 H6 提高了很多，但却忽略了一个关键实事，即在市场上，最难突破的是消费者的既定认知。

哈弗 H8 最终并没有走远，但是，长城汽车在冲击高端市场上的勇敢尝试，却给人们留下深刻印象。这一次的惊险之旅也给了长城汽车以深刻教训，被公司高层称为"挑战消费者心智的代价"。魏建军曾公开表示：这次事件除了提醒他时刻关注消费者心态及认知，更为他明确了下一步的突破点之所在。

这不是长城汽车造车生涯的第一次失败，也不是最后一次。从每一次的失败中获取经验，用于指导未来的新发展，这是长城人对待失败的态度，也体现了长城汽车敢于直面错误、勇于从反思中汲取力量的有鲜明个性的企业文化。

哈弗的全球布局

发展已有百余年的世界汽车产业，源于欧洲市场，壮大于美国和日本市场。中国的汽车产业起步于 20 世纪 80 年代，较晚于欧、美、日市场。中国的汽车产业起步时，国外的汽车市场已经非常成熟。因此，中国自主汽车品牌自出生就面临国际大品牌的全方位挤压和竞争。在夹缝中神奇长大的长城汽车，从最初就非常注重公司产品的国际化。

魏建军深知汽车产业天然具有全球化属性，汽车作为大宗商品，也天然具有国际化属性。不管是跑遍全球观看车展，向国际市场的先进汽车技术公司学习；还是从自造第一辆皮卡开始，就有意识地拓展海外市场；抑或是大力投建技术中心，不惜一切代价研发最新汽车科技，从核心技术做到与国际接轨，这些都是魏建军为一步步融入国际汽车大市场所做的努力。

中国整体汽车产业自初期的闭门自造车之后，到中期与国际大品牌合资合作，再到后期的自主汽车品牌崛起以来，海外市场都是必争之地。进入 21 世纪后，中国汽车产业经过了近 30 年的快速发展，积累了相应的技术优势，再加上中国低廉的劳动力成本，恰好可以满足汽车这一人力密集型行业的需求，进一步提升了中国汽车产品的性价比，提升了其在国际市场的竞争力。2005 年，中国汽车的出口量首次超过了进口量。长城汽车在这一年的出口量达到了 14326 辆。

由此，中国的汽车出口战略越来越成为汽车产业发展壮大的一个重要推动力。身在汽车产业中心的长城人，对这一点的感受尤为敏锐和深刻。

自长城汽车 1990 年整改以来，公司就一直有一个将长城汽车输送到全球每一个角落的梦想。因此，不管是造皮卡，造 SUV，还是造轿车，在每一次决定投入研发一项新产品时，长城汽车都是站在全球化的高度去对新项目、新产品进行评估和指导。公司以皮卡叩开中东地区的大门，自 1997 年起，一直到现在，长城汽车都是中东地区第一大皮卡供应商。2002 年开始征战 SUV 市场，长城汽车依然不忘在赛弗上市之际同时将其销往海外市场，并于 2004 年实现了出口俄罗斯市场。就连长城汽车曾经失利的大客车和精灵系列轿车，也都同步在海外市场上市发售。

而对于重点开发的 SUV 品牌产品——哈弗，自然也没有落下国际化的步伐。哈弗系列产品于 2005 年正式拉开历史序幕，登上汽车产业的舞台。这一年，哈弗开始了其在国内汽车市场披荆斩棘的发展历程；也是这一年，哈弗作为长城汽车的主力车型，与其他几款车一起，参加了 9 月份的莫斯科国际车展，宣告正式进军俄罗斯。哈弗 CUV 在展会上大放异彩，仅这款车型就签署意向协议 2000 余辆。

消息传出，业界人士高呼喝彩，再加之奇瑞、吉利等品牌也同时纷纷加快国际化步伐，制定相应战略，中国自主汽车品牌开始逐步全方位地走向世界。

以哈弗 CUV 领衔，长城汽车进军俄罗斯市场，是一个重要的战略部署。横跨欧亚大陆的俄罗斯，是长城汽车希望进一步扩大海外市场、进军欧美发达国家汽车市场的关键战略基地。毕竟，经过数年的建设，长城已经在中东、北非、西亚、南美、东南亚等三十余个国家和地区建立了稳固的营销网络。在此基础上步步进发，直到进入并占据欧美市场，才能算是真正实现了营销的全球化和品牌的国际化。

此后，长城汽车积极谋求在俄罗斯本地建厂，或者与当地工厂协议合作等，在此基础上，其对俄罗斯出口和合作的形式逐渐多样化，除了单纯的整车出口，也有以 CKD、SKD 形式的出口，以及整车技术的输出，等等。

2006 年，除了哈弗系列产品，长城汽车还导入了皮卡，其在俄罗斯已累计售出汽车 9000 辆；同年，长城汽车投资两亿美元，用了一年时间，在俄罗斯投建了一座年产能五万辆的组装厂。长城汽车在俄罗斯市场的成功，让俄罗斯的人们见识到了中国力量，还吸引了俄罗斯的一个记者团来保定长城汽车总部实地参观采访。

正逢俄罗斯经济发展快速增长期，在长城汽车以哈弗为领头军打开了俄罗斯汽车市场之时，同一时期，美国通用、德国大众、法国雷诺、日本日产等国际大品牌也纷纷涌入俄罗斯市场。从某种角度上讲，长城汽车作为中国自主品牌的代表，已经实现了在国际市场上和国际大品牌的正面较量，且载誉而归。2015 年长城汽车在俄罗斯投资建设的图拉工厂破土动工，代表其更进一步拓展了在俄罗斯市场的产销规模。

长城汽车在俄罗斯市场势如破竹，为公司进一步进军欧美市场增强了信心。

2006 年 3 月，哈弗在天津中国汽车技术研究中心进行了碰撞试验。两次碰撞的结果表明，哈弗成功通过了测试，达到了 EuroNCAP 四星级标准[1]。这意味着哈弗汽车的安全性已达到世界先进水平，取得了进入欧美市场的通行证。

海外业务不断拓展的同时，长城汽车有高层认为，公司的海外拓展能否稳定，国家相关的政策也十分关键。一个企业就像在茫茫大海上漂泊，政策导向就像是黑暗中的灯塔，有利于指引发展方向。长城汽车的品牌国际化能否持续提升影响力，国家的背景也十分关键。关于这一

---

[1] EuroNCAP：即欧盟新车安全评鉴协会。这是一个独立于汽车公司与政府的组织，该协会对新车安全评价采用的规程，是世界上最严格的车辆安全评价规程之一。

点，长城汽车多年来拿出过不少提案建议。未来长城汽车制定发展战略，就要跟国家的政策法规配套，打造品牌应该由国家牵头，这样有利于在整体上让国产车更好地走出国门。这是长城汽车在连续多年深耕海外市场过程中得出的有益结论。

随着哈弗的不断更新和迭代，哈弗 H6 的步步封神，长城汽车代表中国自主品牌，在国际市场引起了长足的关注。国家的政策导向，技术的核心产能，销售的强劲动力，都会持续助推长城汽车进一步融入国际市场。长城汽车的市场耕耘故事还远没有结束，公司出征全球的步伐也不会停歇。

第十章

"WEY"：迈向高端

在中国内地的 SUV 市场，长城汽车成为了一面旗帜。随着中国汽车市场内外部环境的变化，对于长城汽车而言，品牌化、国际化的经营趋势变得越来越迫切和必要。此时的长城汽车再一次显示出冒险精神，公司以掌舵人魏建军的姓氏命名，创建了高端 SUV 品牌"WEY"。至此，与哈弗 SUV 品牌并行，长城汽车成功开启了双轮驱动的业务布局。高豪华、高性能和高科技，成为公司向纵深发展的着力点。

以姓氏命名

2011 年，一位长城高管在接受媒体采访时曾祖露了长城汽车对于品牌向上聚焦的疑虑与困惑。在历史发展过程中，不论哪一家企业，一旦拥有了让全球有口皆碑的特色，品牌的价值就能得到体现和认可。长城汽车经过多年发展，在产能和规模上一直处于快速增长的状态，但在品牌的建设和积累上，却太慢了。品牌的建设与产能的建设完全是两个概念。建工厂、投资，甚至产品研发，跟品牌的建设比起来，都相对容易。

"长城不缺钱，但品牌的建设就是很慢。品牌不会随着产品的实现而实现。这是我们目前感到最难的一件事。"这句话道出了长城人的困惑。

很快，长城汽车便体会到了哈弗这一品类品牌的快速发展所带来的惊喜。2014 年，长城汽车位列英国品牌价值咨询公司 BrandFinancePlc 发布的《2014 世界汽车品牌百强榜》第 40 位，与东风、上汽并称为中国汽车品牌三甲，此后更是连续两年列位于此榜单中，排名从第 40 位，升到第 33 位、第 30 位。

哈弗系列的优异表现不仅提升了长城汽车的整体品牌价值，更奠定了向上突破的底气。但在高端 SUV 领域，不管是被寄予厚望的哈弗 H8，还是比 H8 先一步上市的哈弗 H9，都没有真正实现哈弗这一品牌的向上突围。

魏建军曾公开表示：哈弗 H8 不成功的原因，主要是我们做了高端产品，没有做高端品牌。他也由此意识到，消费者的审美和认知一旦形成就很难改变，长城汽车如果想占领高端 SUV 市场，必须开创一个全新的高端品牌。将顺思路，便不再拧巴。此后，长城汽车开始着手新品牌的规划与营建。

在 2013 年宣布独立运营后的哈弗品牌，定位一直都是经济型 SUV，一直保持着良好销售势头。2016 年，长城汽车以 107.45 万辆的年销量首次突破百万大关。这一年的长城汽车，在冲销量的同时，也在冲高端、冲品牌。

2016 年的 11 月 16 日，在广州国际车展上，魏建军正式对外发布了高端豪华 SUV 品牌：WEY。对于进军中国高端 SUV 市场，公司信心十足。自此，长城汽车正式进入 WEY 时代。

长城汽车官方网站对这一品牌的相关描述为：WEY 品牌定位为中国豪华 SUV 品牌，创立于 2016 年，是第一个以创始人姓氏命名的中国汽车品牌，是长城汽车聚集 1600 多人的全球豪华车设计、研发团队，历时四年，以全球豪华品牌至高标准打造出的中国首个豪华 SUV 品牌。

WEY 品牌天生便是长城汽车旗下独立的品牌，它有自己专属的管理团队、研发团队和营销团队，也有自己独立的公司和网站。

在专门为 WEY 品牌拍摄的宣传片《WEY 前行者》中，魏建军奔跑在长城上、穿梭于办公室，与研发人员探讨着车型的设计，与技术人员交流着动力装置的细节……向世人娓娓道出自己的心声：

"用自己的姓命名一部车，却不是为了名声。一个习惯了拿捏分寸的人，自满也难。因为对自己，我永远都觉得还有余地，别人说是谦虚，其实是一种自我保护。但这一次，我决定让自己站在前台，不留退路，赌上一些不敢赌的珍惜，人也变得更加严厉，不通人情。有人觉得我太偏执，沉迷于这样那样的细节。但我知道，要做好一件事，必须身体力行。WEY，不只是一部车，更是一个开创者。从 WEY 开始，豪华不再是那些浮夸的炫耀；从 WEY 开始，安全成为一切豪华的前提；而从 WEY 开始，更多的人能把豪华握在手里，把要说的话，都放进车里，坚定地，走在前面。"

这部诚意十足的短片，展示着长城汽车顺应市场变化，以积极的态度更深地融入汽车产业全球化的决心。除此之外，魏建军也大方地走到了前台，高调地出现在世人面前。

二十六年来，魏建军潜心造车，专注于汽车技术、汽车品质，虽然香港上市曾让他走进了公众的视野，但在那之后他依然保持着低调行事的作风。这一次，为了长城汽车更快更好地实现向上突破，他贡献了自己的姓氏，也一改往日埋头造车、较少露面的习惯，开始频频亮相于各大媒体。不仅如此，一向坚持传统的魏建军，还拥有了自己的第一个英文名：Jack Wey。

魏建军个人的这一转变，是基于一种难得的勇气。要知道，一个人要改变数十年的行事作风，最需要突破的是自我的心理阻碍，不仅从行为上，更要从内心全然接受。而心的转变恰恰是最难的。

以此可见，在魏建军的生命中，造车是一等一的大事，已经融进了他的全身心。为了更好地造车，为了让更好的长城汽车遍布全球，魏建军可以赌上姓氏，甚至突破自我、改变自我。在某种程度上，这也解释了长城汽车能够一直引领时代潮流，走在市场前端，保持时尚感、新鲜感、自在感的原因所在。

在 WEY 品牌发布会上，魏建军坦言，对于以自己姓氏来命名这一品牌，他曾有过犹豫和担忧。虽然很多国际知名车企品牌都是以创始人的名字来命名，但在中国，WEY 是第一个这样做的自主汽车品牌。在中国的传统文化里，一个人的姓氏代表了一种身份认同感、一种与生俱来的荣耀与使命。以姓氏来命名一部车，其中沉甸甸的责任感、充分的自信、坚定的信仰和郑重的承诺，不言自明。

最终决定以自己的姓氏命名 WEY 品牌，除了基于里斯公司的专业化战略分析，长城汽车内部的高层也给了魏建军很多信心。

除了以魏建军的姓氏命名外，WEY品牌的LOGO也包含着深刻寓意。竖形的车标向人们传达了在文化和精神上的两层含义。首先，这一LOGO表达了魏建军对于故乡保定的敬意与深爱。在保定市的直隶总督府门前，曾矗立着全国最高的旗杆，WEY的品牌LOGO的造型灵感便是来自于这一旗帜。在此基础上，WEY的品牌LOGO也寄予了人们对它的美好祝愿与深切期望。作为中国第一个高端豪华SUV独立品牌，魏建军希望可以将WEY品牌打造为中国豪华SUV的旗帜与标杆。

横空出世的WEY品牌，其诞生展现了以长城汽车为代表的中国自主汽车品牌自强不息、富于担当、勇于突破自我的精神和态度，也标志着魏建军将带领长城汽车建立新的理念，开创新的时代，加快品牌升级，加快国际化、全球化的步伐。

双轮驱动

长城汽车高调推出豪华 SUV 新品牌 WEY，一方面是为实现品牌升级，从而占领 SUV 高端市场，并以这一高端豪华品牌打开欧盟和北美市场；另一方面，也是出于对诸多现实因素的考量。

进入 21 世纪第二个十年，中国汽车行业在 SUV 领域实现爆发式增长，可观的利润吸引了大批车企进入。在长城汽车进入这片领域之时，中国的 SUV 市场还是一片蓝海。虽然长城汽车在这一细分市场上把握了先机，并处于这一领域的绝对领导者地位，成为了中国自主品牌 SUV 代名词，但实际上，自 2011 年以来，长城汽车坚定实施聚焦战略，在销售业绩上一直较为依赖哈弗这一品类品牌，而在哈弗系列产品之中，又更多地依赖哈弗 H6 这一单品的市场表现。这是聚焦战略模式的缺陷，也是其受到争议的地方。

由此，哈弗在成为国民心中自主品牌 SUV 开创者和领军者的同时，对长城汽车的其他品类品牌以及某些单品造成了影响，导致它们的市场认可度较低或较为模糊，市场表现欠佳。2015 年前后，随着越来越多的车企大举进军 SUV 领域，比如，吉利汽车旗下的博越、帝豪，广汽传祺，上汽通用的宝骏系列等，长城汽车的业绩表现面临极大的挑战和不确定性。

当时，包括长城哈弗在内的中国自主品牌的 SUV，主要集中在 A级及以下市场。2013 年，在中国自主汽车品牌中，单品在 A 级车市场进入前 20 位的只有哈弗 H6。2016 年，进入同类排名的自主车型显著增多，除了哈弗 H6，还有传祺 GS4、宝骏 730、帝豪三厢等。

与此同时，这一时期中国汽车市场因 SUV 市场的火爆迎来自主品牌的逆势增长，这让外资品牌 SUV 产品开始进一步下探至经济型 SUV 市场细分领域，并将其作为未来 SUV 产品发展的主要策略之一。这导致中国自主品牌 SUV 的市场空间进一步受到了挤压，使得国内 SUV 市场的竞争日益升级、日趋激烈。

对于市场上这种无时无刻、无处不在的竞争和压力，魏建军并未怯场，反而乐在其中，认为这是身为汽车人所专享的自豪和乐趣，市场竞争越激烈，越能激发人的干劲。

面对越来越多的 SUV 领域的竞争对手，面对中国国民的消费逐步升级，以及面对已经被牢牢定型于经济型的 SUV 形象，对于利润空间和后续成长空间有限的哈弗品牌，长城汽车没有太多选择，但长城人并不沮丧，时刻保持斗志昂扬的状态，每天都做好迎接挑战、解决困难的准备。正是全体长城人的这种充沛的内驱力，让公司整体时刻斗志饱满，陷入纷繁中时也不迷失，站在高台上时不张狂。这份可贵的斗志，贯穿了长城人造车生涯的每一刻、每一天、每一年。

显而易见，想要保持长城汽车销售业绩的持续增长，想要持续巩固长城汽车在 SUV 领域的领导地位，想要将 SUV 做到全球第一，继续向上，打造更高品质的产品，提高单品售价和利润空间就是最水到渠成的一个选择。

除了品质向上，品牌价值也要向上，以更高品质的产品凝聚更高的品牌价值，冲击 SUV 高端市场，打破一直被外资品牌垄断的 15 万到 20 万元的这一 SUV 市场的细分领域。已有 20 多年发展史的长城汽车，需要一个新的品牌，一个新的高端品牌。

事实上，在 21 世纪的第二个十年间，不仅仅是长城汽车，几乎所有的中国自主汽车品牌都面临如何实现品牌升级，并逐步占领高端市场的困境，有媒体称其为中国自主品牌"成长的烦恼"。

自 20 世纪 90 年代起步，发展了 30 多年的中国自主车企，在汽车的产能规模、自主研发、科技创新等方面打下了坚实的基础，全方位积累起了经验和能力，国际大品牌已经感受到了来自中国自主品牌的威胁与冲击。

由此，中国的自主品牌能不能更进一步，打造出足以驰骋国际市场的世界级汽车品牌呢？从开创期到积累期，中国的自主车企终于走到了品牌高端化的关口。在国际汽车产业，欧洲、美国、日本的汽车品牌都曾遭遇过同样的情况。不管是大众的奥迪，还是通用的凯迪拉克。要想持续存活、成长，品牌的高端化必然是每一个汽车制造企业自诞生之日起迟早都会面临的问题，也是每一位心怀汽车梦的造车之人最初的、也是最终的理想。

2017 年，第三届定位中国峰会暨里斯品类战略十周年论坛在上海举行。魏建军第一次出席这样的场合，也第一次做了公开演讲。正是这次演讲，将长城汽车从 2008 年到 2017 年间所做的种种艰难选择、经历的三次关键抉择，清晰完整地呈现在公众面前。

对于长城汽车所经历的第一次抉择，公司认为这么做是选择一条腿走路，聚焦 SUV。正是这一抉择，让长城汽车摆脱了多线作战、疲惫不堪的处境，逐步确立了聚焦"打造 SUV 领导者"的明确目标，建立了哈弗专注、专业、专家的品牌形象。此后，在聚焦战略指引下，哈弗从零起步，做到了年销过百万辆，并连续 14 年保持中国 SUV 销量冠军，长城汽车从中收获了巨大的回报。

第二次选择则是哈弗品牌高端化的教训。这次尝试让长城损失了近十个亿，还影响到了经济型哈弗产品的发展，但也收获了宝贵的经验。

WEY 品牌的推出，则是长城汽车的第三次重要的抉择，是一种顺势而为的战略进化的具体表现，也是解决企业需要做大做强而品牌却必须聚焦这一矛盾的最佳方法。之所以选择在 2016 年推出 WEY 品牌，则是因为时机已到。

2016 年，长城汽车销售额破千亿元，研发人员达到一万五千人的规模，在品牌背书上也得到积累，具备了打造新品牌的基础。由此，借着国内消费升级的趋势和国货新浪潮，长城汽车主动出击，开创了中国豪华 SUV 新品类，推出了 WEY 品牌。

可知，WEY 品牌的强势登场，是长城汽车发展的必然，也是其聚焦战略的进一步强化。从此，在 SUV 领域更为专注和深耕的长城汽车，告别了"一条腿走路"的日子，进入哈弗和 WEY 两大品类品牌并驾齐驱的"双轮驱动"时代。

与宝马联姻

在进入"双轮驱动"时代，建立全新 WEY 高端品牌之际，长城汽车同时也在继续积极推进产品的国际化。从某种角度上讲，品牌的升级和品牌的国际化是一件事情的一体两面。品牌升级必然建立在企业不断开放和扩张的背景下，升级后品牌的高端化将增强企业的国际化属性，引导企业走向更加开放和广阔的国际市场；而国际化则意味着新的市场、新的机遇，意味着企业潜力的无限扩大，同样也意味着品牌知名度和认可度在世界范围内的进一步提升，最终形成足以傲视车坛的国际顶尖品牌。

"自主品牌都希望打造国际性的品牌。自主品牌的汽车人，这一生最大的价值就是打造一个有价值，而且要进入高端市场的国际品牌。"魏建军曾明确表示。

从形态上看，国际化是一个双向互动的过程和一种互惠互利的合作关系。自 20 世纪下半叶开始，世界进入全球化产业大分工大融合的时代以来，国际化的进程如滚滚江水，无可阻挡。对于人类而言，互助合作的国际化产业模式，不仅仅是企业可持续发展的最佳途径，也是全球资源得以整合和充分利用的最优实现模式。

国际化不是讲和，更不是控制与屈从，它是和平竞争，是在竞争中共存共进步。在国际化环境下，竞争只会更加激烈。因此，国际化并非一朝一夕之事，品牌在本土市场的价值也不可能被平移到国际市场。

如果说品牌的价值要靠市场说话，那么，品牌的国际价值则要靠国际市场说话。在自主品牌创建期，其品牌的国际化表现在产品的国际化，即：整车的出口，出口量可不可以再多一点，出口的国家和地区能不能再拓展一些，等等。

这种模式一直延续到自主品牌的成长期，而在成长期，除了整车出口模式多样化，还增加了整车技术输出、CKD 和 SKD 形式出口[1]、海外建厂、并购或者收购外国企业等多种国际化途径。

到了自主品牌的扩张期，中国已经成为全球汽车制造大国，中国汽车产业在整个国际汽车产业中的重要性越来越不容忽视，此时，自主品牌的国际化升级为了依托品牌的高端化实现品牌的国际化。

对于中国汽车市场而言，最早的国际化表现为外资品牌的"走进来"。当时，中国以大市场吸引国际大品牌，实现在汽车技术、资源、人力等方面的全方位引进。在外资品牌以绝对优势占领中国市场三十年后，中国的自主品牌终于要"走出去"了。

而这三十年里，中国自主汽车品牌所经历的种种国际化阶段和模式，整车出口、技术引进、人才引进、在海外市场投资设厂等，长城汽车都有不同程度的参与。可以说，一部长城汽车的国际化发展史，完美地展现了中国自主品牌的国际化进程。公司从未自我设限，而是从一开始就把长城汽车定义为一个国际品牌。

从"长城皮卡走出国门"，到"要把哈弗做到 SUV 领域全球第一"，再到"从中国的 WEY 到世界的 WEY"，长城汽车在国际化之路上从未懈怠。

以此目标为指引，数年发展间，不论是在研发技术，还是产品品质，抑或管理模式上，长城汽车都——对标国际领先水平的标准，严格要

---

[1] CKD：全散件组装；SKD：半散件组装。

求自己和全体职工，规范企业发展细则。长城汽车对技术和品质的执着、低调和务实的作风，吸引了德国宝马汽车的关注，由此展开了这两家中德企业之间的一段奇妙缘分。

长城汽车被国际资本市场所熟知，是从 2003 年其在香港上市开始。香港上市后，长城汽车打算进军轿车市场，当时因在先进的轿车技术和人才资源上的缺乏，长城汽车曾尝试与跨国公司合作，共同开发轿车项目。虽然最终没有成功，却倒逼了长城自主研发能力的大提升。

这一次与宝马的合作要顺利许多。一是由于长城汽车的实力与当年不可同日而语，二是因为长城汽车的品牌影响力也随着实力的提升而得到了极大的提升。经过了两年时间的谈判、沟通，以及数次的欧亚大陆飞越之旅，2018 年 7 月初，魏建军再一次赶赴德国，这一次的使命，与之前的使命有相同之处，却又不尽相同。

7 月 10 日，在中德政府的见证下，中国长城汽车股份有限公司与宝马（荷兰）控股公司正式签署了合资经营合同，新公司命名为光束汽车有限公司。双方持股占比为 50 ∶ 50。

一个月前，即 2018 年 6 月，中国刚刚发布放开合资车企股比，尤其是取消新能源汽车的外资股比限制。长城与宝马的合作是这一政策颁布之后，国内首个合资项目，无意间被赋予了开创性的色彩，标志着一个新合资时代的来临。

长城与宝马这种新型合资合作模式被描述为："联合研发，中国制造，服务全球"，它不是简单地将国外车型本土化生产，而是联合双方研发力量，加强电动化和智能化的研发推进，共同开发生产新型汽车产品尤其是新能源车相关产品。

新成立的光束汽车有限公司，注册资金 17 亿元，投资总额 51 亿元。经过实地考察与衡量后，光束汽车选址在江苏省张家港市，其将在这里投建标准年产能 16 万辆、占地 5000 亩的国际先进整车工厂。

协议签署之后，光束汽车建厂一事便进入紧锣密鼓的推进期。

2018 年 8 月 13 日，长城汽车与张家港市签订整车合资项目投资协议，光束汽车正式落户张家港市。

2018 年 10 月 23 日，魏建军和宝马集团董事共同考察了光束汽车合资项目。

2019 年 11 月 29 日，光束汽车项目在张家港市正式启动。

2020 年 6 月 20 日，光束汽车工厂开始打桩施工，整体项目按计划顺利推进。

宝马看中了长城汽车的低调和务实，希望借助长城汽车的资本优势，以及在中国内地市场的影响力，提早规划在中国新能源车市场的战略布局。长城汽车也希望借助宝马的技术优势，继续冲击高端市场。两者的合作并没有任何中间人的撮合，完全是在开放化的背景下、市场经济发展的过程中，自主选择和互惠互利的联合。

长城汽车以积极开放的态度整合全球资源。和宝马的合作加速了公司在新能源车领域的推进，提升了其在小型车产品上的创新研发能力，更重要的是，提升了长城驾驭国际市场的能力。

通过宝马和长城两个团队之间的协作共处，长城人更加清楚地看到了长城汽车与国际品牌之间在许多细微层面所存在的差距。公司把这次合作称为"交学费"，希望可以在最短时间内以最低成本提升品牌价值，更好地实现向高端市场靠拢，更快实现全面国际化，占领更多国际市场份额。

驶向全球

2018 年的中国车市，被业界称为"寒冬之年"。经过了数年的井喷时代，中国车企在 2018 年陷入了疲软之态，车市全年累计销量首次出现负增长，并将连续三年持续负增长。

国家宏观政策的调整，蔚来、理想、小鹏等造车新势力的加入和兴起，以及新兴 90 后、00 后等消费群体引领的消费观念的转变，都给汽车行业带来了一波又一波的冲击。虽然没有一个寒冬不会过去，没有一个春天不会到来。但是长城汽车对于中国车市未来的发展仍持谨慎态度。公司深知，汽车业的低增长将逐渐成为行业新常态，这其中，传统燃油车市场将更会陷入漫长的持续低迷期。

即使寒流来袭，长城汽车在这一年依然保持了良好战绩，哈弗SUV 和长城皮卡的年销量继续保持了双双第一的成绩，WEY 品牌请到了国际足球巨星克里斯蒂诺·罗纳尔多出任品牌代言人，其上市之后的市场表现亦可圈可点。在稳定保持既有产品的市场表现的同时，长城汽车也在积极为未来的发展谋划布局。

2018 年 7 月，长城汽车和宝马汽车的成功联合，为长城汽车未来的发展铺展了一条全新轨道。

2018 年 8 月 20 日，长城汽车重磅发布纯电动车新品牌——欧拉，全力出击新能源汽车。

2018 年 12 月 10 日，WEY 两周年品牌之夜召开，庆祝 WEY 品牌成为第一个拥有 20 万用户的中国豪华品牌。庆典现场，长城正式发布了 WEY 品牌"C+ 智能战略"，直指未来造车新方向。

2018 年，长城汽车总资产达 1118 亿元，下属控股公司 60 余家，员工 6 万余人，拥有哈弗、WEY、长城皮卡和欧拉四个品牌；拥有八大生产基地；拥有国内先进的汽车综合试验场之一，还在日本、美国、德国、印度、奥地利和韩国等地先后设立了海外研发中心。

2018 年，长城汽车获誉无数。在国际品牌价值评估权威机构 BrandFinance 发布的"2018 全球品牌 500 强"榜单上，哈弗品牌入围世界最具价值品牌 500 强，位列中国汽车品牌榜首；成功入选"一百家最受投资者尊重的上市公司"；以 360.47 亿元的品牌价值位列"2018 中国品牌价值百强榜"第一名；斩获"2018 中国上市公司品牌价值榜"自主车企第一名。

除了公司的整体荣誉之外，2018 年，魏建军还获得了两项个人荣誉，其一，于 6 月 30 日获选"改革开放 40 年致敬中国汽车人物"；其二，于 10 月 25 日获选"改革开放 40 年杰出民营企业家"荣誉称号。魏建军曾有言：长城汽车最大的红利就是国家的改革开放。

正是改革开放给了如长城汽车一般的民营企业以机会和机遇，也正是公司牢牢把握住了这一时代赋予的时机，才有了长城汽车堪称光速般的发展速度与傲视车坛的成就，也才有了长城汽车在百舸争流间站立潮头的机会。

自 1990 年至 2018 年，28 年间风雨兼程，长城汽车与包括魏建军在内的所有长城人共进退、共成长，这才令长城汽车迎来了如今的强大。

虽然 2018 年中国车市整体表现不佳，但长城汽车依然保持了百万销量，以 1053039 辆的销量连续三年突破百万销量大关。而哈弗作为长城汽车最强劲的品类品牌，在持续领衔中国内地 SUV 销量第一名之际，终于突破了自己的 500 万辆销量大关。

送走波折丛生又不失精彩的 2018 年，于 2019 年开年之际，即

2019年1月13日，长城汽车在保定哈弗技术中心，举办了以"领跑中国，逐鹿全球"为题的哈弗全球500万盛典暨全球战略发布会。

2019年1月13日，正逢中国农历腊月初八，腊月是中国传统文化中对岁末十二月的别称，此时正值新旧交替之际，冬日将逝，春日在望。腊月初八是中国传统节日，这一天，人们喝腊八粥，祭祀神灵，感慨冬日的劳作，期待春意的复苏。从这一天开始，将拉开中国传统节日里春节的过节序幕，进入红红火火过大年的氛围。

长城汽车选择在农历腊月初八这一天举办盛典及发布会，在喜悦欢庆之余，某种意义上也有迎来送往之意。哈弗品牌的500万销量已达到，这是昨日的成绩；新的全球战略目标即将公布，这是明日的希冀；而今日，长城汽车站在辞旧迎新的时节，身处全面新能源化和智能网联化融合大发展的时代关口，依托昨日成绩积累的信心，赋予明日发展全新的指引。

这一天，来自全球的哈弗车主、中外专家、合作伙伴，以及超500家媒体齐聚一堂，共享哈弗全球500万辆销量的成功与喜悦，见证哈弗"521"全球化战略蓝图的发布。

想必此时的长城人，内心是骄傲的，也是笃定的。

庆典上，魏建军发表了一场长达十分钟的演讲，演讲主题为"全球梦——中国心"。

"中国经济已经进入了深化转型期，中国品牌的全球化是一个必然趋势。"魏建军呼吁中国的自主汽车品牌大胆"走出去"，指出国际市场将是一条必由之路。拓展更广阔的海外市场，打造更有全球竞争力的产品，成就更有全球影响力的品牌。这才是中国汽车企业的真正梦想。

作为全球市场竞争的缩影，中国汽车市场上，自主品牌在与国际品牌的竞争中打下了"走出去"的本领基础。而且自主品牌无论在产品品质还是性能上的创新，都不输大部分外资品牌，尤其是在智能化、网联化、清洁化方面的创新，更是进入世界前列。因此，自主品牌不应畏惧强敌，而是要找到更好的全球化的路径。

"哈弗不仅要做 SUV 领导者，还要做'走出去'的探路者，更要成为全球 SUV 的领导者。"在中国汽车市场浪潮中，哈弗的 500 万只是一次成功的泛舟，全球市场才是真正的汪洋大海。长城汽车将直挂云帆，开创出中国品牌全球发展的主航道。

基于此，长城汽车公布了其最新全球发展战略：521 战略，即哈弗品牌将在五年内实现单车销量 200 万的目标，WEY 品牌将在 2021 年进军德国和北美市场。

从 2005 年到 2019 年，哈弗品牌的成功，尤其是哈弗 H6 的突出成绩，是定位和聚焦战略的胜利，表明长城汽车选择并坚持了适合自身发展的企业经营模式。经过了数十年的积累，现在的长城汽车有信心以更好的姿态"走出去"。公司将积极布局全球市场，大踏步走向世界。

打造有价值的国际品牌，更好地实现品牌国际化，这将是长城汽车发展的必由之路，也是所有中国自主品牌发展的共同选择。

海外建厂

哈弗 500 万辆庆典仪式上，魏建军关于长城汽车将一路高歌、驰入全球市场的一番豪言犹在耳边。2019 年 6 月 5 日，长城汽车俄罗斯图拉工厂，在图拉州乌兹洛瓦亚工业园内正式竣工投产，同时中国品牌首款全球车哈弗 F7 在此工厂下线并在海外上市。

长城汽车俄罗斯图拉工厂是具有里程碑意义的一座工厂，它不仅是长城汽车也是中国自主汽车品牌在海外投资的首家全工艺独资制造工厂，是一家涵盖了冲压、焊接、涂装、总装四大生产工艺在内的整车制造厂。

对于长城汽车而言，此次图拉工厂的竣工投产，意味着企业的全球化战略进入了全新阶段，全球化进程将全面提速；对于中国自主汽车品牌来说，长城汽车在俄罗斯汽车市场开疆拓土，为自主品牌"走出去"蹚出了一条完整的路径范本，将助力系列自主品牌车企的国际化战略升级，有利于更加深入地开拓海外市场空间；对于中国经济而言，这一事件标志着中国的汽车产业的全球化发展进入一个新阶段，将有力拉动国内相关产业和技术的发展与输出，推动中国产业结构的调整与升级。

图拉工厂于 2015 年投建，历经 5 年，成功竣工投产。这一项目总投资约 18.5 亿人民币，占地面积 3000 多亩，可为当地提供 1500 多个工作岗位，年产能将达 15 万辆，主要生产车型以哈弗系列产品为主。

图拉工厂首款下线的新车哈弗 F7，是长城汽车集合了最先进的研发技术等资源倾力打造的一款全球版精品城市 SUV，之所以将其作为首款下线新车，旨在树立中国品牌高端形象，打造中国汽车高品质高性能的典范，赋能未来更进一步的全球化布局。

长城汽车深知，在国际市场，品牌价值先于其他一切价值而存在。要走向世界，就要提升品牌价值。而只有拥抱全球市场，真正到全球市场接受检验，才能以全球化的视野和思维反观自我，缩小与国际大品牌之间在经营、管理、研发、营销等方面的差距，进而研发出具备国际一流甚至超一流水准的产品。

俄罗斯领土广阔，一向以民风彪悍而著称，而集众多优势于一身的哈弗 F7，其大气时尚的外观造型、超大实用的车内空间，以及突出的动力和越野性能，深受当地民众喜爱。上市之后亦不负众望，成功打开了当地市场，被称为俄罗斯的"城市英雄"。在高手云集、竞争激烈的国际市场中，长城汽车为中国品牌赢得了一席之地，展现了中国自主汽车品牌的实力、魅力与创造力。

长城汽车在国际化的道路上高歌猛进时，中国其他的自主品牌也在融入全球大市场、布局全球化发展战略上从未懈怠。

李书福将吉利汽车定位为一家全球企业，始终盯紧全球市场。吉利汽车早在 2003 年就实现了轿车的出口，并在 2005 年于香港上市之后扬名国际资本市场。此后，李书福在 10 多年间，更加积极布局吉利汽车的全球化发展。不管是收购沃尔沃，还是在白俄罗斯建厂；不管是控股伦敦电动汽车公司，还是将领克销往欧盟市场，它们共同串起了吉利汽车国际化之路曲折向前的路线图，都在实现着李书福将中国汽车卖到全世界的梦想与决心。

比亚迪品牌的电池业务比其汽车业务更早实现了国际化。2007 年，比亚迪在香港上市之后，获得了国际资本的关注与投资。自此，比亚迪汽车通过资本国际化、技术国际化、平台国际化和产业链的国际化，逐步建立起自身在新能源车领域的国际品牌形象。

同长城汽车一样，奇瑞汽车的国际化之路也是从中东市场开启。其后，奇瑞汽车相继开拓了东欧、北非、俄罗斯等国家和地区的市场，并且实现了从整车出口到全方位布局的国际化新形态，走向了通往世界级汽车品牌的必经之路。

对于长城汽车而言，图拉工厂的投产是长城汽车多年以来积极谋求国际化发展的一个里程碑，在公司看来，长城汽车真正的竞争对手是外资品牌，真正的战场在国际市场。只有走出去，长城汽车才能实现品质和销量的持续提升。

自 1997 年长城汽车向中东出口第一批皮卡车以来，到 2019 年长城汽车在海外市场第一家独资工厂的投产，历时已有 22 年。回望此间，长城汽车的全球化之路并非一帆风顺，但从未停止探索的脚步，从最初单纯的产品贸易形式到现在多样化的投资和生产合作模式，其扩张的速度在逐步加快。

从世界范围来看，所有的国际汽车大品牌都经历了一个从无到有、由小到大的成长过程。不管是德国的大众汽车、美国的福特汽车，还是日本的丰田汽车、韩国的现代汽车，它们都是从一个本土化的汽车公司，逐步实现国际化，成长为一个全球知名国际级汽车品牌。

对于中国自主品牌来讲，同这些国际大品牌崛起时相比，所面临的国际环境与市场形势已经发生了极大的改变，由此，所遭遇的挑战和机遇也大不相同。没有任何公共的经验可以生搬硬套，只有坚持探索，勇于走出国门，在实践中获得真知。长城汽车海外发展走过的所有的路，积累的所有经验与教训，都可为中国其他自主品牌所借鉴，助力其在国际化过程中与长城汽车一起，走得更顺利、更开阔。

不管是国内市场的正面交锋，还是国际市场的并驾远征；不管是长城汽车，还是吉利或者比亚迪，各个车企对汽车大业的激情从未褪却，汽车人内心深怀的关乎汽车的梦与理想，指引了他们的未来去向。

第十一章

新能源，新未来

　　一路走来，长城汽车见招拆招，始终能直面行业痛点。然而，在自我迭代的路上，难题从不会减少。随着新能源的发展，如今汽车产业的电动化和智能化，又成为长城汽车急需突破的新瓶颈，对此，长城汽车的态度依然是积极拥抱挑战。"没有退路，才见出路"，这种永不服输的意志，正是激励全体长城人数十年如一日潜心前行的精神动力。

新能源布局

1990 年，美国颁布《清洁空气修改法案》；1992 年，又推出了《能源政策法案》。1993 年，美国提出代用燃油车计划，根据这一计划，美国将在 1993 至 2006 年间，在四个层面通过四个阶段，逐步实现新能源车替代燃油车达 70% 至 90% 的比例。此后，美国又在不同阶段相继发布新能源相关政策，如税收抵扣、研发支持、低息贷款等，实现从多方位促进新能源汽车发展的远景。

1997 年，在日本通过的《京都议定书》[1]，陆续有 84 国签署，到 2009 年时共有 183 个国家通过该条约。日本以此为契机，积极部署本国可持续发展道路。1998 年，日本通过《应对全球变暖法》，修改《节约能源法》，并以汽车行业为切入口，逐步将发展新能源的计划目标引入整体工业企业的未来发展规划。

1999 年，德国开始征收生态税，征收对象为传统能源消耗行业及产品，汽车行业作为传统工业，一直是燃油能源消耗大户，自然首当其冲受到约束。2000 年，德国宣布其《可再生能源优先法》开始生效；2005 年，颁布《能源行业法》；2008 年，颁布《促进可再生能源生产令》。

---

[1]《京都议定书》：又称《京都协议书》或《京都条约》，是《联合国气候变化框架公约》的补充条款，于 1997 年 12 月在日本京都由联合国气候变化框架公约参加国三次会议制定。

除了汽车行业，德国已经在全方位引导本国的可再生能源的研究与发展。

自19世纪中期以来，第二次工业产业革命极大地促进了世界范围内的工业大发展，汽车行业作为与此同步的一项传统工业，借助工业革命的东风，以及人们生活水平的提高及需求，发展得尤为迅猛，直至成为世界各国的支柱产业。汽车给人们的交通出行带来极大便利的同时，在能源消耗方面也逐渐成为一个引人关注与探讨的课题。

进入20世纪下半叶，世界各国各地区之间的联系日益紧密，越来越形成全球范围内的经济大联盟。海湾危机导致的石油危机、经济危机带来的金融震荡，以及全球范围内的环境污染，使得人们意识到能源的有限、经济的周期性和环境的脆弱。人们开始重新深思，在一心追求经济的快速发展与人类生活便捷性的同时，我们所付出的巨大代价，如果不及时开发新思路，找出新对策，人类很可能被自己的野心与欲望反噬。

自此，人类开始探索自身与经济发展和自然环境之间和谐相处、相互融合共生的新模式。这才有了各个国家通过颁布一系列能源相关的政策法规，来对各行各业在能源使用上进行约束和指导，由此掀开了人类在新能源发展之路上的不懈探索。这其中，新能源汽车的变革与发展尤为引人瞩目。

对于汽车行业而言，新能源的变革之路，本质上是一场交通能源动力系统的变革。

从最初的蒸汽动力，到内燃机发明后的以石油作为主要动力来源，汽车工业沿着第一次工业革命，走到第二次工业革命。如今，第三次工业革命当前，新能源成为未来汽车工业发展的重要依托，能源革命将深化全球范围内的可持续发展，引领人类进入更加清洁和高效的新世界。

从微观上讲，这场新能源革命，不仅将改变汽车的动力供应系统，也会带来汽车的人力需求、设计革命、续航革命及技术创新；从宏观的角度来看，甚至将引发全球汽车行业布局的大变革。

新能源汽车，也被称为"低公害汽车""代用燃料汽车"，其最大的特点是以新能源动力技术代替传统燃油技术，它抛弃了常规和传统上的以燃料作为动力来源的做法，降低了对石油的依赖，将不再依靠内燃机驱动。新能源汽车采用的是太阳能、化学能、甚至是氢能等新能源，作为汽车电池的动力驱动来源，在动力控制和驱动方面技术更为先进。

目前最常见的新能源汽车包括纯电动汽车、增程式电动汽车、混合动力汽车、燃料电池电动汽车、氢发动机汽车等。

进入 21 世纪后，中国的汽车工业步入大发展时代。经过数年的积累和探索，中国在 2009 年实现了全年汽车产量突破 1000 万辆的规模，汽车千人保有量逐年迅速提升，汽车工业规模和汽车市场规模都呈上升态势。这些都表明，中国正在逐渐步入汽车社会。一方面是中国汽车工业的大振兴，另一方面中国社会也同步产生了交通拥堵、大气污染、能源消耗等问题。这对中国社会的能源供应、绿色发展、可持续发展等，都带来了不小的挑战。

其实，早在中国汽车行业发展之初，20 世纪末，业界有识之士便已预见到，汽车行业的爆发式发展将必然会带来能源消耗等方面的一系列社会问题，提出了"未来汽车烧什么"的疑问，还指出中国汽车行业的未来发展必然要与世界范围内汽车工业的发展看齐，要依靠新能源，走向环保式发展模式。

对于中国汽车工业本身而言，发展新能源车除了在环保层面，在战略层面上也意义重大。传统的燃油车的发轫与成熟都完成在欧、美、日等国家和地区，中国在进入汽车行业之时，传统燃油车在技术层面完全被国际大品牌所引领与掌控。因此，中国的汽车产业的发展在技术上一直受制于他人。

在短时间内要实现燃油技术层面的领先地位并非易事，除了要付出数倍的资金、投入大量的人力之外，也要考虑到全球产业大融合、新型技术革命等因素带来的不确定性。而新能源车的兴起与发展则为中国的汽车行业提供了一次弯道超车的机会，更是为中国的自主汽车品牌提供了一次千载难逢的突破与壮大的时机。

基于此，进入 21 世纪以来，中国开始在政策层面大力扶持和引导新能源汽车的发展。并在新能源车配套设施上加大开发与投入。中国的汽车市场，也是从这个时候开始出现新能源车的概念。

2002 年，奇瑞率先启动了混合动力轿车研发项目，这是其与上海交通大学国家高科技研究计划合作的一个项目。

2005 年，混合动力越来越成为新趋势，上海大众宣布将研发一辆混动小轿车，预计于 2008 年投产。

2007 年，中国出台《新能源汽车生产准入管理规则》，多款新能源汽车被批准量产。

2008 年，比亚迪开始超前布局新能源汽车研发战略，坚持"从能源获取、存储到应用，摆脱对化石能源依赖"。

2015 年，吉利汽车启动"蓝色吉利行动"计划，全面开启新能源车研发制造之路；

2017 年，长安汽车发布全新新能源战略"香格里拉计划"，宣布到 2025 年，将全面停售燃油车，实现全谱系产品的电气化。

至于长城汽车，公司清醒意识到，新能源汽车将是中国汽车领跑新赛道的唯一机会。长城汽车不会放弃新能源汽车给中国自主品牌和企业发展带来的新机遇，较早便树立了发展新能源车的意识，并逐步落地执行。

2012 年 4 月 24 日，长城汽车与美国 CODA 控股正式签署协议，联合开发首款纯电动汽车。

2012 年 5 月 19 日，在长城汽车举办的第二届科技节上，涵盖动力总成、新能源、底盘、整车性能等 12 个板块，多达 280 余件的展品中，新能源动力系统相关展品引起极大的关注。

2017 年 9 月 12 日到 24 日，在法兰克福车展上，WEY 品牌展示了多款纯电动及混动概念车。

2018 年 4 月 25 日，长城汽车旗下独立纯电动汽车品牌——欧拉汽车，揭幕亮相于 2018 北京车展中；同年 8 月 20 日，长城汽车发布"欧拉"品牌，宣布全力出击新能源汽车，并同时发布欧拉旗下共享出行品牌——欧拉出行。

对于新能源汽车带来的压力和挑战，长城汽车依然采取了开放而谨慎的态度，一方面积极拥抱，一方面依然坚持研发先行、技术先行的造车理念，认真而大力地投入新能源技术的研发，坚持在一个全新的技术平台上打造全新新能源汽车。用魏建军的话来说，选择新能源是必然的趋势，但无论如何，汽车都是人命关天的产品，对于新能源新技术，一定要在完全成熟之后再推向市场，这是身为企业家的责任，也是作为汽车人的担当。

欧拉就是一道光

2021 年 6 月 28 日，长城汽车第八届科技节开幕。开幕式上，长城汽车的董事长作了发言，正式对外发布了长城汽车"2025 战略"。新目标是到 2025 年，实现全球年销量 400 万辆，其中 80% 为新能源汽车，营业收入超 6000 亿元，未来五年，累计研发投入将达到 1000 亿元。

在这 80% 的新能源汽车产品中，欧拉品牌系列将于 2023 年实现年产销 100 万辆，其中，新能源车新品牌沙龙系列正蓄势待发，将于 2022 年上市第一款；而长城汽车要在五年内累计投入 1000 亿元的研发费用，将用于纯电动、氢能和混动技术的开发，并同步研发低功耗大算力芯片、碳化硅等第三代半导体关键核心技术、现代传感、信息融合和人工智能等智能化方向的高科技。

欧拉作为长城汽车旗下的第一款新能源品牌，是长城汽车多年来在新能源汽车方面深耕细作之下的厚积薄发的作品，代表了长城汽车在新能源车领域的实力与诚意。长城汽车对于欧拉品牌的未来定位很清晰，即要把它当作一个核心动力，驱动长城汽车在电动化方面的长足发展。

如当初为了开发哈弗系列产品专门搭建了新的技术平台一样，为了开发纯电动车，长城汽车也专门打造了一个新的生产平台，即纯电动专属的全新 ME 平台。

欧拉品牌于 2018 年 8 月正式上市，同年 9 月 28 日，长城皮卡新战略发布，长城皮卡正式成为独立品类品牌。自此长城汽车旗下四大品牌确立，分别为：长城皮卡、哈弗品牌、WEY 品牌，以及欧拉品牌。

长城汽车从全面聚焦 SUV 到确立四大独立品牌，再度步入了多点开花的时代。不同于进军轿车的多线发展，这一次，长城汽车的多点开花是有备而来，一是建立在研发、技术、人才等多年稳健发展积累的雄厚基础上，二是顺应了新能源时代到来的大变革，从而做出顺理成章的路径选择。这一发展战略的重点在于对企业进行重新定位，以期将企业资源进行全面整合，使得品牌得到进一步升级，以更好地应对未来的挑战。

除了欧拉纯电动车品牌，长城汽车在新能源汽车方面做了全方位布局，同步开展了 EV、HEV、PHEV 三种技术架构的车型开发以及氢能源车型的策划。2019 年上市的 WEY VV7 PHEV 和 VV7 GT PHEV 是基于 Pi4 平台开发的插电式混动车型。长城汽车计划逐步推出 48V 混动平台和基于专属平台的燃料电池车型，并迭代衍生出更多车型。

欧拉品牌上市首款车型为欧拉 iQ，2018 年 11 月，欧拉 iQ 续航版推出，同时还推出了欧拉品牌第二款车型欧拉 R1。欧拉 R1 通过新材料应用、断面优化、集成化设计，实现整备重量 990kg，较市面同级产品轻 10% 以上，耗电量更低，成本也得到了较好的控制。

欧拉品牌于上市当年即实现了 4000 多台的产销量，赢得了客户的口碑；上市第二年的 2019 年，欧拉品牌年产销达到 28498 台，欧拉 R2 于同年上市；到 2020 年，欧拉系列车型年产销再度翻番，达到 55441 台，"新世代智美潮跑"欧拉好猫于同年 11 月 24 日在泰州上市；2021 年，欧拉品牌全谱系产销量高达 135028 台；同年 8 月 14 日，2022 款欧拉黑猫、欧拉小野猫上市；同年 9 月 6 日，长城汽车 WEY 品牌与欧拉品牌，携摩卡 PHEV（Coffee 01）、欧拉好猫等车型现身慕尼黑，隆重登场 2021 年德国国际汽车及智慧出行博览会（IAA Mobility）。同时，长城汽车发布的欧洲市场战略规划，正式宣告进入欧洲豪华汽车市场与新能源汽车市场，开启长城汽车全球发展的新征程。

随着欧拉如一道光一样穿越长空，长城汽车在新能源汽车发展之路上打下了头阵，明确了方向，新能源汽车战略日渐清晰。欧拉品牌自出生之日起，便以一种国际化的姿态面世，充分彰显了长城汽车以开放融合的姿态坚定走出去的信心。

欧拉品牌自投入市场后，通过在实战层面与消费者的不断磨合，逐渐探索出了一条独特路径，即面向女性的品牌新形象。在对市场进行实地考察，接收到各个层面的反馈之后，长城汽车决定在欧拉品牌之下发展出更多独立女性品牌意义上的车型。欧拉好猫、欧拉黑猫、欧拉小野猫等车型便是这一战略目标下的产品形态。

对于以"猫"的形象定位欧拉品牌新品车型，是基于对女性用户生活消费习惯的深刻洞察与考量。现代社会中，女性的形象越来越独立，经济能力逐步增强，女性独立购车买房已经不再是新鲜事。这样的一批城市女性中不乏爱猫人士，且猫本身的形象亦较为可爱天真。因此，欧拉在以女性为主要购买对象的车型设计上，线条趋于圆润，车辆整体偏小，突出了一种可爱萌态感。当驾驭这辆萌萌的小车时就如在跟一只萌态十足的小猫游戏，无形中便增添了这款产品的亲和力，为欧拉系列女性品牌的营销开创了一种创新营销模式。

对此，魏建军认为，要将欧拉品牌中这一类产品定义成全球第一个最爱女性的品牌，将女性的尊享做得更好，表现得更充分。

不管是 WEY 的混动，还是欧拉的纯电力，在新能源车上，长城汽车都向消费者和市场表现出了十足的诚意。多年来，公司在技术研发上的"过度投入"，都在长城新能源汽车品牌上有了充分的展现。长城汽车已经大举进军新能源车市场，并将在实践中一步步探索更合适的发展路径。依托新能源科技，长城汽车将走在前面，赶超外资品牌，在全球汽车市场处于领先地位。

智能化的机遇

在探索新能源化的同时，各国的汽车产业也在实现着汽车的智能化。智能化所依托的是正在席卷全球的第四次科技革命浪潮带来的全新技术革新。

在三次科技革命之后，人类已经进入以生物工程、信息技术、清洁化材料及能源、基因研究、量子信息技术等高科技为核心的智能化网联化新时代。每一次的技术革新都极大地推动了人类社会工业产业的进程，而第四次的技术革新将以指数级的速度，更迅猛地颠覆人类的生活状态。

智能化时代的到来对汽车产业最突出的影响，是逐步从根本上革新汽车的整体操控系统，使得汽车越来越向人工智能化、自动化的形态靠近，越来越成为一个像机器人一样完美的智能化产品的存在。

关于智能汽车的研究与讨论，早在 20 世纪五六十年代便已经开始，美国和日本较早展开对这一技术的研发与使用。随着计算机技术的进一步发展，相关硬件设施和软件开发水平也得以逐渐完善和提升，计算机、自动化设备等各类技术形态逐步以各种面貌进入人类生活和工作中，为人们的生活提供了便捷，提升了工作效率。

这些先进的技术也被用于大型机械的技术研发，比如飞机与汽车。对于汽车而言，最初讨论得最多的，是将计算机、自动化、智能化等技术用于汽车安全问题的预防，比如：如何使用智能系统改善交通环境，为汽车更安全的行驶提供保障等。此外，已经有科学家预测将来有一天，人类可以造出高度完善的机器人视觉系统，如果把这些系统安装在汽车上，那么，无人驾驶的汽车将来也能安全通过闹市，达到预定的目的地。

在海运和航空方面，人类已经实现了无人驾驶，但汽车的行驶多受路面情况和实时交通状况的限制，对智能化和自动化的要求更高、更具体，故较难以实现无人驾驶。智能汽车不仅仅是一辆单独的汽车、一个独立的系统，它还需要连接外部的一个更大的系统，如交通网络系统、人车互动系统等。想要迎来智能汽车的时代，需要首先实现和优化其外部的智能大系统。

即使如此，智能汽车依然被视为未来社会理想的交通工具之一，随着软件工业的发展、大数据时代的到来、网联化的加强、新能源的应用，以及人手一台智能手机的互联网技术的大众化普及，汽车的智能化和自动化具备了越来越充足的技术和现实条件方面的支撑，智能汽车也成为了各国汽车工业产业研发投入的重点以及新的效益增长驱动力。

由此，传统的汽车工业产业，在面临能源挑战与转型之时，也要迎接智能时代的到来对汽车整体操作系统带来的技术升级之挑战。站在这一全面转型升级的切点之处，长城汽车认为，这是时代赋予中国自主汽车品牌的绝好机会，这也是长城汽车必将直面的一次转变，公司将以此为新起点，向全球化的智能高科技公司转型。而企业长期以来在汽车科技方面不惜成本的大力投入与研发，则为长城汽车实现这一新的转型提供了保障。

早在 2011 年，长城汽车的天津生产基地正式启动后，长城首款智能 SUV 哈弗 H6 便从这里诞生并成功上市。2012 年，长城汽车率先成立专业研发团队，专门对汽车无人驾驶等智能技术进行研发。2013 年，一辆搭载长城汽车自主研发的自动驾驶技术的汽车参加"中国智能车未来挑战赛"，并获得第一名。

2014 年，长城汽车第四届科技节上，人们见到了长城汽车在智能化技术上的创新与突破，不管是 EAD 技术平台上 HCU 的智能分配模式，还是哈弗 H2 所搭载的全系标配无钥匙进入及一键启动系统、定速巡航、电动助力转向、换挡指示器等智能科技，都展现出长城汽车在汽车智能化发展道路上勇争先锋的探索精神。

到了 2015 年，长城汽车第五届科技节的开场视频主题为"智能·互联"。长城汽车高调展示了其在激光雷达、多功能摄像头、GPS 导航系统等无人驾驶技术方面的研究成果。"科技创新引领时代变革，技术研发决定企业命运。"这是长城汽车在新时代继续秉持的以技术为核心的理念。

此后，长城汽车的智能化之路突破限制，加大步伐，稳中求进。

在 2018 年 5 月的世界智能驾驶挑战赛中，哈弗无人车斩获多项大奖；同年 9 月，长城皮卡以智能网联为契机，对产品做了全新战略升级；12 月，长城汽车再出大招，携手京东共同构建智能网联汽车新形态。

2019 年，长城汽车智能化研发成果频频亮相于各大车展等公开场合。6 月 11 日的 2019CES Asia[1] 上，长城汽车集中推出自己的"黑科技"产品，以及在智能出行系统上的技术突破；9 月 10 日，在法兰克福车展上，长城汽车以高科技、高环保、高智能为主题，展现了自身"科技长城"的魅力；10 月 11 日，在数博会上，长城汽车展示了自动驾驶技术，以及在智能互联、数字交互领域的最新成果。

2020 年是长城汽车数字化变革的元年。4 月 20 日，首次搭载了 Fun-Life 智能网联系统的 2020 款哈弗 F5 上市；7 月 20 日，长城汽车发布"柠檬""坦克""咖啡智能"三大技术品牌，加速向全球化科技出行公司的目标迈进；12 月 17 日，WEY 品牌智能豪华越野 SUV 坦克 300 越野版正式上市；12 月 30 日，长城汽车正式发布全新的咖啡智

---

[1] CES Asia：一般指亚洲消费类电子产品展览会。

驾"331 战略"，决心成为智能时代自动驾驶的领导者。

2021 年更是长城汽车在智能化方向实现重大突破的一年。2021 年 2 月，长城汽车战略投资行业领先的汽车智能芯片企业，即北京地平线机器人技术研发有限公司，正式进军芯片行业；3 月 23 日，搭载了 L2 级智能驾驶辅助系统的哈弗 H6 国潮版正式上市；9 月 22 日，长城汽车与苏州吴江开发区政府就蜂巢智能转向总部项目举行签约仪式，项目规划投资逾 20 亿，打造总部与研发中心一体的高新技术产业基地，并组建行业顶尖的科研团队；9 月 29 日，魏牌新一代智能混动 SUV 玛奇朵正式上市。

随着科技革新带来的时代翻天覆地的变化，不管是面临智能化、网联化，还是数字化，长城汽车都深知，科技是第一生产力，掌握核心科技，拥有创新能力，产品才有竞争力，企业才能立于不败之地。不管是要实现国际化发展，还是要实现企业的转型，技术创新都是唯一的出路。

从改装自己的拉达轿车，到用现成的零部件组装汽车，到拥有自己的产品开发部，再到引领汽车科技革命，长城汽车数十年如一日，持续耕耘在技术创新之路上。唯有与时代共舞，才能永远立于时代之巅；唯有拥抱变化、持续创新，才能激发企业的创造力，拓展企业生存空间。

"绿智潮玩"

面对新能源与智能化时代的全面到来，为更好地迎接新未来，更好地适应当下和未来智能网联化的大环境，长城汽车不仅在产品研发上走在前列，而且将全面拥抱新时代、新未来的思想贯穿到日常的生产、管理、营销以及企业文化和精神等各个层面。

2020 年 11 月，长城汽车全面升级了其使命愿景与核心价值观，发布了全新的企业文化，即"绿智潮玩嗨世界，廉信创变共分享，每天进步一点点"，2021 年公布的长城企业文化，依然保持不变。

2020 年，是艰难的一年，一场突如其来的疫情打乱了人们的正常生活节奏，也打乱了全球经济发展的正常节奏，汽车产业受疫情影响和打击尤为明显。2020 年初，处于疫情中心的中国，其支柱性汽车产业受到了巨大的冲击。同年第一季度，中国汽车产销量同比大幅下滑，自第二季度开始，中国汽车市场开始逐渐复苏，虽然第三和第四季度的车市保持了稳步地恢复，但中国车市当年全年产销量仍然下降了 1.9%。

即使疫情肆虐，中国的汽车行业依然保持了在智能、网联、新能源方向的加速发展，长城汽车更是没有退缩，魏建军保持着一贯的必然胜出的信心，无时无刻不在带领长城汽车于造车的旅途之上，策马征战四方。

2020 年，是魏建军接任长城汽车的第三十年。三十年的奋斗拼搏，为长城汽车打下了扎实的基础，站在这一时间点上，魏建军更期待看到未来的长城汽车将是怎样一番景象。

这一年的 7 月 13 日，长城汽车发布了一条三分零五秒的视频，标题为"长城汽车挺得过明年吗"，视频中，魏建军再一次出镜，代表长城汽车也代表自己，向未来发问，向世界发问。魏建军不想停留在对前三十年的回望中，过去的三十年已经过去，不管遇到了怎样的困难，终是找到了解决的方法。此刻对于魏建军和长城汽车更重要的是，要迎接未来拥抱挑战。不管是魏建军还是长城汽车，终将在未来的洗礼下持续获得成长。

"用三十年的积淀，去迎接此刻的巨变。在企业命悬一线的时候，把自己的命也悬在上面。我认为，这是做企业应该有的'诚意'。没有退路，才见出路。"视频中，魏建军如是坦陈。

2020 年，长城汽车在疫情中持续推进全系产品向平台化、智能化和网联化的方向发展；推进了组织结构变革，对品牌进行了充分授权；持续完善全球化研产销布局，加速推动国际化进程。2020 年，长城汽车销量逆市飘红，全年销售汽车 1111598 辆，目标完成率达 109%，再度蝉联全国 SUV、皮卡销量冠军。

2020 年，长城汽车还完成了对企业文化和精神更加清晰的呈现。当年 11 月 16 日，长城汽车专门召开焕新文化发布会，发布了全新的企业文化。在此之前，长城汽车一直坚持"每天进步一点点"的企业精神，但整体的企业文化较为模糊。这一次的焕新发布，将长城汽车的企业文化分为了三个板块。

使命愿景：绿智潮玩嗨世界。

核心价值观：廉信创变共分享。

企业精神：每天进步一点点。

其中，最为关键、最具引领性意义的，便是其新的使命愿景"绿智潮玩嗨世界"，这一愿景展示了长城汽车永葆活力与年轻态的决心，表达了长城汽车主动迎接时代变革、贴近年轻新消费群体的态度。

　　长城汽车对这一新的使命愿景做了精细的分类定位与解读，详情如下：

　　绿：始终秉承全产业链低碳环保的理念，坚持绿色、清洁能源的研发与投入，成为绿色能源革命的主力，为保护绿色地球持续做出贡献；

　　智：与科技创新时代同频共振，以智能产品为核心，打造涵盖智能制造、智能运营、智能服务、智慧管理在内的全场景、高智能产业生态，为用户提供更便捷、更愉悦、更丰富的智能出行体验；

　　潮：洞察产业浪潮，弄潮能源革命、捕捉时代潮流，为用户提供更加个性化、智能化，更有创意、有价值认同感的产品及服务，为用户带来惊喜；

　　玩：智能科技让车更加好玩，更加酷炫；赋予产品文化内涵，汇聚有共同爱好的用户群体玩在一起，共创专属的社交生活；

　　嗨世界：让全球用户在"绿智潮玩"中享受惊喜和极致体验。

　　在2021年长城汽车发布的2025战略中，对"绿智潮玩"作了进一步的阐释与定位，将其升级到了战略性高度。"绿智潮玩"，即长城汽车在未来基于"全球大布局""研发大投入""企业大变革"和"用户大运营"的新定位，以绿色碳中和、认知智能化、全球潮牌潮品、共玩众智众创四大战略方向，加速企业低碳智能升级，领跑新能源、智能化新赛道，于2045年全面实现碳中和，而全面的科技创新将有效地支撑"绿智潮玩"战略的最终落地实施。

　　依循这一新的战略目标，长城汽车将再一次踏上新征程，加速品类创新，深入布局新能源技术和产业链，抢占新能源技术创新制高点，基于智能网联拓展IOT生态，为用户提供能思考、会判断、有温度的认知智能体验。

变革之心

2021 年已然过去，这一年，是长城汽车持续深化变革的一年，也是其全面发力、硕果累累的一年。关于长城汽车在这一年的业绩表现，公司交出了一份令人赞叹的答卷。

2021 年，长城汽车年销售新车 128 万辆，连续六年打破百万辆销售记录，同比增长 15.2%。其中，新能源车累计销售 13.7 万辆，在总体销量中占比 10.7%。海外销售 14 万辆，同比增长 103.7%，销售占比达 11.1%。

这一年，长城汽车荣膺中国汽车企业创新排行第一名。

这一年，长城汽车有两个 1000 万值得关注。

第一个是长城汽车第 1000 万辆整车成功下线，而这第 1000 万辆车正是为长城汽车立下了辉煌战绩的国民神车：第三代哈弗 H6。2021 年 4 月 16 日，在北京博物馆，长城汽车与北京汽车博物馆举行了一场仪式，即 "共鉴历史·携手同行：长城汽车第 1000 万辆整车北京汽车博物馆收藏暨双方战略合作签约仪式"。这辆承载了特殊历史背景和文化意义的第三代哈弗 H6，被北京汽车博物馆永久收藏。

第二个 1000 万是长城汽车蜂巢动力第 1000 万台发动机正式下线。这标志着长城汽车蜂巢动力成为中国品牌首家生产、销售发动机达一千万台量级的企业，实现了长城汽车甚至是中国汽车自主品牌在汽车产业链核心技术的突破。未来，长城汽车蜂巢动力将投入研发更多新能源动力形式，将提供基于 4 种燃料的 6 大产品平台，推出 23 款发动机，以及多种使用场景，实现 1.5L-3.0T 发动机的全面布局。

这两个 1000 万，见证了 31 年来长城汽车在汽车制造业的不懈努力，见证了长城汽车科技创新的力量，是长城汽车发展史上新的里程碑，也是长城汽车面向未来进军的新起点，更是中国当代汽车产业发展史上值得庆祝与纪念的事件。

当代中国汽车产业的发展，是一段精彩的过程和一个迷人的故事，长城汽车作为其中的见证者、观望者和深度参与者，也创造了以及正在创造着一个独属于自己的引人入胜的故事。关于"昨天从哪里来，今天现状如何，明天到哪里去"，长城汽车自有独到的理解和感受。

在 31 年的不断前行中，一路上，长城汽车不乏光耀与掌声，更经历过无数的至暗与磨难。在前十年，长城汽车像一粒种子，要活下来，要争取阳光、水分、空间，要好好地活下来；中间的十年，长城汽车冲了出来，姿态挺拔，如一棵临风奕奕的大树，具备了一定的规模，在努力开枝散叶，要做大更要做强；最近十年，长城汽车这棵大树更加蓬勃，它一边向土壤更加深广处抓取营养、牢固根基，一边向上突围，寻求品牌提升之路，寻求更为广阔的天空。不管风从哪里来，长城汽车这株坚挺的大树，都顺应风向，做出回应。

随着长城汽车的不断发展，企业的名字已成为一种潜意识，一种全新的表达方式。简而言之，长城就是汽车，汽车也就是长城。

1990 年 7 月，新的长城汽车正式与过去的自己告别。多年以来，企业踏出的荆棘小径如今已成为康庄大道。对于如何造车，长城汽车已积累了太多独特的心得。此刻，在更多的挑战和机遇并存的当下，公司畅想更多的是未来。

长城人知道，一定要"变"。

所谓的变，意味着去突破，更意味着一种成长，永远不变的就是变化本身。长城汽车在三十多年的发展经历中深切感受到，只有拥抱改变，才能赢得主动。过去的已然过去，今天的正在发生，未来的才是方向。

企业想要与时代共舞，就要永远紧跟市场变化，看向未来，一切以市场变化为指引，以未来发展为导向。

无论是抛弃不合时宜的模式，还是挣脱昨日巨大成功带来的牵绊，一个企业敢于否定过去，都是出于真诚的反思和莫大的勇气，同时也代表着这家企业对行业真切的热爱与全然的投入。多年以来，长城汽车都一直在这么做，尤其是在面临变革的时候，企业整体的决断力更是清晰而高效。

也因此，长城汽车整体的发展，不管是在产品战略布局，还是在企业管理模式、组织架构、人才体系，或者使命愿景上，公司在这期间所做出的大大小小的改变不计其数，很多改变关系到长城汽车的生死存亡，可称之为巨变。也有很多改变，是长城人出于对细节的极致追求而做出的对于企业和自身自律性的要求。

正是这样不断地求变，保持与时代同步，让长城汽车拥有了一种灵活的姿态，永远以一种新鲜的面貌面对市场。从长城皮卡的高端化革新，到哈弗的红蓝标改革，到坦克品牌的独立，再到大胆拥抱新能源智能化时代的挑战、向全球化科技出行公司转型，长城汽车无时无刻不处于变动之中。随着市场的变化与发展，长城汽车奔流其间，如水之遇石则转、遇山则弯。每一次改变都是一次重生，每一次改变都向世人呈现一个更加鲜明的长城汽车的形象。

但即使在万变之间，长城汽车依然坚守着某些"不变"。

不变的是企业的初心；是全体长城人的造车梦；是企业员工整体的技术控本色；是员工对产品品质的严控与追求；是企业数十年如一日永不停歇永远向前的劲头；是长城人立誓要打造国际一流汽车品牌的决心与理想；是长城汽车秉持工匠精神，研发先行、技术为上的制造理念；是长城汽车始终以用户为中心的经营方式；更是长城汽车"每天进步一点点"的企业精神。

面向未来，在变化之中有所坚守，在不变之上勇于突破。长城汽车也依然是那个信念坚定，敢于推翻自我，主动求变的长城汽车。

第十二章

一个民营车企和那群造车人

2005 年前后，长城汽车高管曾表示，开启海外业务后，为了搭建完善的售后服务平台，公司投入了巨大的人力和物力。比如在销量最高的中东地区，截至 2005 年，光是专卖中心就兴建了 8 家。其中一家专卖中心的面积就达到了 12000 平方米。此外，公司还定期向海外派驻技术工程师进行巡回服务，国内储备各类人才的同时，还会定期安排海外技术人员来国内参加技术培训。所以，单单从海外售后服务平台的构建来看，长城汽车几十年来的成功发展不是靠一个人，而是靠一群人支撑起来的。

"掌舵者"和"船员"

从1990年长城汽车经历"大换血",公司有时候确实离不开魏建军,但公司又不仅仅只有魏建军。在长城汽车正式开启造车业务后,公司自始至终需要的都是群策群力。长城汽车的底色有独属于掌舵人的那一抹,不过为企业崛起和壮大倾注心血的,还有公司里的其他造车人。

坊间一直在流传,由于魏建军个性不喜张扬,以致公司多年来的广告支出,只占到了营收的很小一部分。比如2016年,公司的年度总营收增长到了惊人的984亿元,然而广告方面的支出,连总营收的千分之二都达不到。据说负责营销工作的一个总监由于拿不到足够的经费,最终的结局只能是被迫离职了。

对营销总监而言,这应该是一个悲伤的故事,但是人们不能否认他从自身工作属性的角度,去为公司认真服务的过程。类似营销总监这样的长城人,多年来肯定还有很多。尤其是随着公司不断发展,人员从千人规模达到万人规模以上后,公司所有人员进进出出的频率就更高了。试想在这种情况下,该如何去界定离职者曾对公司做出的贡献?继续留下来的人,他们为公司又进一步做出了什么?从某种程度上来看,永远不会也没有一个十分精准的计算方式。

所以在这种情况下,像长城汽车这样规模庞大的公司,界定它的发展历程,计算员工们的贡献,往往会从企业的整体宣讲文化入手。外界看来,不少人可能在这个过程中沦为了背景板,但是对长城汽车的每位员工来说，他们加入公司的那一刻起，就肯定会认可这个企业的某个理念。

从事技术工作的员工，可能无数次听过关于魏建军喜欢汽车，以及早年深入车间和工程师一起主攻技术的故事。企业的创始人就像粘合剂，为的就是将员工牢牢粘连在自己周围。所以如果一个懂技术的人被这种传闻打动了，那么他在接下来加入长城后，就会把自己的工作状态，自动向创始人看齐。这种粘连效应是十分强大的，至少在技术层面，掌舵人的个性和所作所为，会深刻影响到公司发展的方方面面。

再比如从营销服务的角度看，那些甘愿接受轮流派遣，到海外从事巡回服务的技术员，有些会被派到条件艰苦的中南美洲甚至是非洲。这些技术员同样没有怨言，有些人甚至主动申请。

另一方面，纵然通过多年奋斗成为高管，调动或是离职也和基层员工一样，是再正常不过的事情。就像前面所提到的那样，无论是管理人员还是员工，对公司的贡献都融入到了企业文化层面，它的作用是从整体上发挥出来的。所以在这种情况下，长城汽车的向心力不会受损。

如果说掌舵人把控着公司整体的前进方向，那公司的其他人员，他们各司其职同样也在发挥着不同的作用。这就好比是一艘巨大的航船，海面上不管是风平浪静还是疾风骤雨，大船要想平稳持续前进，不光是掌舵人要发挥自身的作用，其他船员也得做好各自分管的工作。

长城汽车多年来不断迸发出强劲的动力，一方面得益于魏建军引领的方向始终正确，另一方面也是其他管理人员和员工持续工作的功劳。协同力的背后，他们是一群造车人。尽管每个人分管负责的工作不同，尽管有人从事技术有人从事销售，但他们最终要达成的目标是一致的。对任何一个企业而言，这种协同力才是公司能真正前进的动力和原因。

当然作为掌舵者以及其他有个性的高管，由于他们身处高位，时常又位于光鲜的表层，所以很容易就能成为被外界广泛关注的对象。而其他人，越是在企业做大做强的情况下，越是容易被有意或者无意地忽略。但纵使他们不被关注不被看见，他们对企业发挥的作用却不能被轻易抹去。何况，凡是像长城汽车这样做大做强的企业，构成企业文化基石的，正是这万千的基层员工。他们没有被忽视，也不会被忽视。

从长城汽车的角度看，未来公司发展的真正动力，还是靠掌舵人和其他船员的协同力。这种协同力就是共同的造车理念，是一起追求技术进步的核心思想。而且，引领长城汽车向全球化企业转型，是一趟由汽车梦引发的波澜壮阔的旅程。

对全体长城人来说，命运无言，却早已按下启动之键；梦想无语，亦暗中指引前行之路线。回望过去，每一步都走得艰难，每一个选择都事关生死存亡，期间一幕又一幕的画面定格，固然引人感慨嗟叹，但过去的应该放下，企业全体员工应该往前看。以三十余年的积淀，去拥抱未来，拥抱巨变。

打造人才生态

掌舵人是一家企业的灵魂人物，他会带领公司前进和发展，长城汽车亦是如此。不过，魏建军仅是方案的制定者，对于最终落实和取得成果，还需要组织和鼓励其他人也参与进来。像长城汽车这样的造车企业，每一款产品的研发、销售与反馈的全流程的完成，每一次方向与目标的发布、沟通、传达与执行，都依赖于千千万万个长城人的有序协作与高效运转。

这千千万万个长城人，既包含长城汽车的员工，也包含与长城汽车紧密合作的供应商、经销商等合作伙伴，更包含长城汽车的千万个车主用户。是他们每一个人，架起了长城汽车的毛细血管的完整分布，畅通了长城汽车的末端神经的及时反馈，他们与掌舵人一起，共同发力在推动航船的前进。

截至 2021 年，长城汽车员工总数达 77934 人，其中基层员工占比 93.16%。与 1990 年长城汽车仅有的 61 名员工相比，此时的员工规模已经超出了当时的千倍有余。仅从这一数据在 30 余年间的指数级增长状况来看，长城汽车已然达到了航母级别的规模，掌舵人就像是一艘巨型航母的舰长。

长城汽车之所以可以做到航母级别，可以将七万余人汇于一体，共同为了一个目标而奋斗，有赖于这家企业持续的专注力和聚焦力所形成的强大吸引力。毋庸置疑，长城汽车与员工之间一直保持着一种互为促进、共同生长的良性互动关系。

在长城汽车的文化理念中，员工的成长与福祉一直被视为头等社会责任。数年来，长城汽车坚持以开放包容的态度，汇聚全球优秀人才，坚持以人为本，不断创新人才发展机制。无论中高层管理人员，还是基层工作人员，长城汽车都会对其在收入保障、福利保障、身心健康、家人安置等方面做出全方位关怀，提升其幸福感与归属感。

对于基层员工，更是通过安全生产标准化规范运行，提升生产现场本质安全化管理水平，打造安全健康的工作环境，畅通员工晋升通道，维护员工合法权益，为员工提供多元化的培训与发展，为员工可持续成长提供环境和机会。

2020年，在长城汽车发布的"2025战略"中，为持续引进和激励人才，全力实现长城汽车向全球化科技出行公司的转型，公司首提"合伙人制"。根据这一提议，预期在2020到2021年间，长城汽车将通过实行两期股权激励，累积股权授予人数将达到12000人，覆盖50%的核心员工，未来将百分百覆盖价值员工。这一制度将从根本上颠覆员工在企业中的角色，真正将员工视为合作者，与员工形成全新的利益共同体，实现员工由"打工者"向"合伙人"的转变，使得员工将一份工作视为一份事业。

2021年，长城汽车正式公布了《长城汽车股份有限公司2021年股票期权激励计划》和《长城汽车股份有限公司2021年限制性股票激励计划》，实现了首次授予，已分别向8147名激励对象授予股票期权30059.40万份，向不超过557名激励对象授予限制性股票3265.32万股。

从传统的打工制，到合伙人制，长城汽车再一次展现出勇于变革、敢于创新的胆魄。这一次，面对比以往更为复杂与深远的变革转型期，公司依然不缺乏决断的勇气，与数万名员工更紧密地结合，形成合伙制的战略联盟，在人才战略上走得更远、更坚定。

除了企业本身的员工，长城汽车与第三方合作伙伴之间也保持互助互生的良好关系。

长城汽车自 1997 年开始实施经销商制，当时长城汽车仅有皮卡一种车系。经销商制的布局与运作为长城汽车未来的做大做强打下了坚实基础。目前，长城汽车的 4S 经销店已达六百多家。

对于经销商，长城汽车有一套高效而完整的合作模式，除了会对经销商进行培训，提升其终端销售服务能力，还顺应时代发展需求，打通上下产业链，推进经销商在重点数字化方面的布局，推动经销商体系服务质量的不断改善和提升。

2012 年，长城汽车在中国汽车行业流通年会上被评为"经销商最满意的十大汽车品牌"，并且是唯一上榜的自主车企品牌；2016 年公布的"2016 汽车经销商对厂家满意度调查"结果显示，哈弗以 83.2 分的优异成绩，蝉联行业冠军。

2020 年，新冠肺炎疫情肆虐之际，共有 124 家经销商联名写信给长城汽车的高层，对于长城汽车作为主机厂在疫情防控期间展现的责任与担当，表示莫大的感激之情。在经销商看来，他们与长城汽车之间早已超越了普通的商业合作伙伴关系，已升华至一种亦亲亦友的更紧密的关系。长城汽车在疫情防控期间推出的"三减三赋"政策，给了经销商们有力的支持，帮助他们与长城汽车一起共渡难关。

对于一千余家遍布全球的供应商，长城汽车则秉持"携手向前，可持续·向未来"的合作理念，在供应商引入机制、考评管理、风险管理、权益保障上实施细致到位的管理与协作，与供应商实现互惠共赢的局面。

随着在生产和营销方面的持续发力，与供应商、经销商的紧密协作，长城汽车已经累计实现了超过一千万辆整车的生产与销售，而有多少辆长城汽车，就有多少位长城汽车的车主和用户。魏建军深知，一切产品最终的解释权都在用户手里，产品一定要靠市场说话。因此，长城汽车在数年的发展中，一切以用户满意为导向，以用户的真正需求为出发点。

自 2015 年以来，长城汽车连年荣获"汽车行业用户满意度测评结果"多项细分市场第一名。其中，哈弗 H6 更是以超高的用户满意度突破预期。近年来，长城汽车已将服务提升到品牌高度，确立了以"客户满意"和"市场领先"为主要目标的营销战略，通过营销服务的创新变革，把人、财、物向"客户满意"聚焦，以超值服务为客户创造惊喜，不断提升客户满意度。

2021 年 10 月 12 日，第五届中国汽车质量论坛暨 2021 年汽车行业用户满意度测评（CACSI）结果公布，长城汽车旗下哈弗、魏牌、坦克及旗下车型揽获多项殊荣，体现了用户们对长城汽车品质和服务的高度认可。其中哈弗 H6、哈弗大狗、哈弗 H9、魏牌摩卡等荣膺多个细分市场第一名。

值此企业深化变革之际，无论企业员工、经销商、供应商，还是长城汽车的用户，这千千万万的长城人，将以一种更为创新的联结模式，产生愈加强大的凝聚力，促进一个更为出色耀眼的新长城的诞生。

精益思想的进化

作为一名掌舵者，带领长城汽车从一个乡镇小厂成长为一个员工达七万余人的超大型企业，魏建军是如何驾驭这艘航母，使它走得更稳、更远呢？如果将这个问题抛给长城汽车内任何一名员工，他们第一个想到的词应该是：精益。

源自丰田汽车的精益理念，最初是以一种高效生产模式的形式，被广泛推广应用到企业的经营管理中。所谓的精益，讲究的是低成本和高效率。随着这种生产模式的发展，人们发现，精益既是一种理念，也是一种文化，可以被无限植入到研发、设计、技术、供应、设备、销售等企业发展的各个层面。而且，一旦这种生产管理模式被升华为一种精神层面的驱动力，它将自内而外改变企业和员工的思维模式，极大地激发员工的积极性，促进企业生产力的提升，激励员工终身成长。

其实，精益的思维和行事方式，是天然深植于长城汽车的意识中的。从开始造车起，公司整体便把精益的理念贯穿到生产和管理当中。长城汽车对产品品质的把控，对汽车技术的精益求精，对员工的高标准严要求，处处都是精益模式的体现。

直到 1998 年，得益于去日本丰田汽车的一次考察，魏建军第一次精确理解了什么是精益管理模式，什么是精益生产，什么是精益理念。大为震撼的同时，长城人也从内心深深认可这一理念。这一次考察回国后，魏建军开始有意将精益生产模式引入到日常的管理经营中。

2003 年，长城汽车已经成为皮卡老大，在 SUV 领域的试水亦相当成功，长城汽车的垂直产业链在积极布局当中，香港上市亦呼之欲出，一切都向着光明的方向推进着。此时的长城汽车，正在大踏步前进，希望在管理模式上树立一个标准形式，以此更加规范企业的发展，也引导企业的管理与生产。公司开始对全体员工进行精益生产管理方式的培训，希望用精益生产、精益管理，激发团队战斗力，打造高质量产品。

2004 年，长城汽车正式引入了精益生产管理模式，创建长城汽车独有的 GLM[1] 精益管理方式，动员全员上下进行学习，要求将精益理念贯彻到每一件小事上。

为了全方位推行精益模式，长城汽车成立了精益管理部和精益生产促进部。精益管理部负责总结经验和教训，制定下一步的推广方案，以及进行相关的培训和观念导入。精益促进部负责指导和全面监督。长城汽车还专门组织人员将精益模式相关书籍和资料收集整理，分发给员工交流学习。就是从这个阶段开始，有关精益模式的方方面面，开始被长城汽车全员所接受，并深入其内心，形成一种全新的理念。

从具体行动层面，关于长城汽车如何贯彻精益模式的小故事广为人知。对于员工而言，比如员工随礼不能超过五十元；员工外出办事只能坐公交车；员工在食堂吃饭不可有剩余等。对于公司高层来说，精益在他们身上则体现为一种全方位的自律，比如魏建军去美国考察市场，只带一个懂英文的技术人员陪同，坐经济舱，住快捷酒店；去日本参观车企，与几位随行人员一块儿搭地铁、吃拉面；每次开完会没喝完的矿泉水必定要带走。对于产品而言，精益模式之下，可以从整个生产价值链上杜绝浪费，最大程度提高产品的性价比，让用户得到最大的实惠。

在静水深流的层面，某种程度上，这种"细微之处见精神"的丰

---

[1] GLM：即"Great Wall Lean Management"。

田式管理，与长城汽车一直以来的"每天进步一点点"的企业精神在最终所要达到的境界不谋而合。2005年在长城汽车内部开展的"狼兔行动"大会战，其实是"每天进步一点点"的企业精神和精益理念相互助益的综合延伸。

循着这一路径，紧随时代发展，到2020年，长城汽车发布的焕新版企业文化中的核心价值观"廉信创变共分享"，其中的"廉"延伸含义为："公平公正，简单透明；廉洁自律，对腐败零容忍"，则从价值观上进一步承继了精益理念的精神内核。

可以认为，精益理念和精益生产模式在长城汽车数十年的发展过程中，起到了承前启后的关键作用。在长城汽车亟需发展壮大时，它为长城人提供了一个有力的抓手；在长城汽车持续向上突围时，它早已如无声细雨般存在于长城汽车的每一个细微之处，以及长城所有员工的内心深处，在每一个环节从每一个方向，推动着长城汽车的变革与升级。

长城人都是不折不扣的精益主义者，不过在技术的推动上，魏建军的决策和投入从不吝啬。长城汽车内部都深知，研发具有相当程度的不确定性，做不到每一分钱花出去都能产生效益，既然如此，在技术研发上应该具有包容性，不必刻意追求精益性，既要允许研发上的试错，更要将技术和品质做到最好。

在第一代哈弗上市之前，为了解决一个技术性问题，长城汽车的技术研究院和哈弗项目组，不计时间不计金钱，不惜一切代价，终于将问题解决，使得哈弗达到了最优化上市标准。

到了哈弗H8，长城汽车希望将这款车在配置上做得更加高端，打造豪华SUV的概念，以至于这款车由于持续在研发上投入，一再推迟上市时间，导致企业的直接损失达到四五亿元，还不包括资本市场上的损失。但公司并不太在意这些，一切都是为了品质保障和品牌升级，为了消费者能买到性价比更高的汽车。

从主动接受精益理念，到逐渐将其内化为自我发展的内驱力，是一个学习、模仿到吸收的完整过程，魏建军作为舰长，其见识不可谓不深远。如今"精益"二字已经深化到长城汽车内部所有人员的潜意识中，在长城汽车生产和管理的所有细节处，都能感知到"精益"二字的存在。精益理念不会远去，更不会消失，它以更加多样化的形式滋润着所有长城人的心田，浇灌着长城汽车这棵大树的成长。

千亿为基，超越百年

如果我们打开长城汽车的官网，可以清晰地看到它的五大品牌矩阵之下的 26 种车型。罗马不是一天建成的，长城汽车的品牌矩阵与车型谱系也不是一夜之间形成的。面对如今这一可以与世界级品牌比肩的中国汽车自主品牌，面对今天长城汽车庞大的规模与不争的实力，面对一群造车人的专注，人们心中赞叹之余，难免有好奇和疑问，想知道长城汽车一路走来，是怎样一砖一瓦建筑起了这座汽车行业内的罗马城的。

长城汽车，一个曾濒临破产、不受重视的破败乡镇小厂，是如何一步步走到今天，成为一个具备全球范围内行业领先规模和实力的世界级企业的？答案可以很复杂，复杂到从经济学、政治学、管理学、品牌营销学、行业发展史等种种理论角度去剖析和讲解；也可以很简单，简单到只有一句话：日行一步，能至万里。

对于长城汽车而言，当初决策造汽车时，需要的也许是胆魄和勇气，再加上一点点的野心。但在造车三十余载之后，公司所有的经验、体会和故事，都在告诉人们，如果一个企业数十年如一日地去做一件事，除了胆魄、勇气和野心，最需要的是坚持、专注，是在日复一日的貌似平淡的工作中持续地锻炼与积累。

一个一个困难，一个一个解决。

一次一次进步，一次一次前行。

一日一日耕耘，一日一日收获。

这其实就是长城汽车整体打造罗马城的终极秘诀，也是长城汽车"每天进步一点点"的企业精神的完美展现。除了品牌矩阵、产品谱系，长城汽车在技术研发、文化变革、全球化路径开发上都以坚持和专注的态度，以专业的精神，从第一步到第一万步，走出了属于自己的道路。

在创业初期，长城汽车还不具备自主研发的实力时，曾在技术问题上处处受限。

当年，迪尔皮卡所采购的绵阳新晨发动机被竞争对手收购，赛铃皮卡想要升级车身配置却遭遇外资品牌的阻挠，赛弗的全车密封条被某零部件供应商索要一亿元开发费，长城人都深深地意识到，核心技术不掌握在自己手里，永远没有自尊可言。正是在这种局面下，长城汽车下决心开辟出自己的研发体系，绝不再在技术上受制于人。此后，公司部署了关键零部件研发制造链条，成立了产品开发部，广泛招揽高端技术人才，不计投入进行技术开发，鼓励创新，勇于试错。

这些举措大大提升了长城汽车的自主研发实力，为其在先进汽车技术方面积累了长期的优势。作为对长城汽车自主研发的先进汽车技术的集中展示，目前，长城汽车科技节已经成功举办了八届，每一届科技节都以领先行业的技术实力带给人们震撼。在最近的一次科技节，即第八届科技节上，面临全球汽车产业大转型的历史机遇，长城汽车更是以全新的眼界布局了长城汽车在新能源和智能化方面的战略定位。

最初长城汽车的技术研究中心，成员不足 30 人，而现在，长城汽车研发人员达到 1.5 万人，占公司总人数近 30%，其中，15 位顶级技术专家更是组成了长城汽车的"专家天团"。并且，长城汽车还投资数十亿元建设提升研发硬件能力，包括环境风洞、电磁兼容、智慧交通等国际一流的综合试验室、试验场地。到 2025 年，长城汽车在研发上的累计投入预计将达到 1000 亿元。

作为面向全球、面向未来的重要战略部署，2020 年 7 月 20 日，长城汽车发布了"柠檬""坦克""咖啡智能"三大技术品牌，正式宣告向全球化智能科技公司的目标迈进。这三大技术品牌涵盖了汽车研发、设计、生产以及汽车生活的全产业链价值创新技术体系，代表了长城汽车的全新"造车理念"，是长城汽车核心科技的强势积淀，长城汽车将以此为技术依托，全力实现全球化发展目标。

面对全球化浪潮来袭，长城汽车已经做好准备，立足中国，享誉全球。要为中国自主品牌开辟全球化主航道，要在国际市场上打造良好的品牌声誉，为中国制造树立口碑。这就是长城汽车最关键的心声。

长城汽车的全球化发展战略自 1997 年出口第一批皮卡便已开始，经过数十年的布局与拓展，目前在研发、生产和营销上，都形成了自己强大的全球化网络格局。

在研发方面，长城汽车在保定、北京、上海、江苏，美国洛杉矶、底特律，德国法兰克福、慕尼黑、于伯黑恩，日本横滨，加拿大温哥华，韩国京畿道，奥地利科廷布伦以及印度班加罗尔等地设立研发中心和技术创新中心。

在生产方面，长城汽车已经在中国建立了十大全工艺整车生产基地。海外，长城汽车在俄罗斯、泰国、巴西建立了全工艺整车生产基地，在厄瓜多尔、马来西亚、突尼斯等地拥有多个 KD 工厂。

在营销方面，长城汽车销售网络覆盖全球，目前已出口到 170 多个国家和地区，海外销售渠道近 700 家，海外累计销售超 90 万辆。

此前，长城汽车曾经创立了"威科特"计划，目标是海外售后服务更加精细化，主要体现在四个方面。

第一，要建立海外零部件中心库，要保证国际市场的充足配件供应，哪个市场大就先做哪里，当时中东地区是最大的市场，长城汽车就投资 500 万元，在迪拜建立了零部件中心库。第二，发展壮大技术队伍，国际技术服务中心在这期间成立，工程师巡回服务制度确立，后期人才储备也在快速推进。第三，与海外销售商合作，让他们派人来国内学习。

第四就是拓展海外更多的商情信息网，让市场更加完善和立体。

在数十年的发展中，长城汽车还形成了在企业文化方面的认识与积累。长城汽车目前所秉持的企业文化，也是经历了三次迭代才形成的。"绿智潮玩嗨世界，廉信创变共分享，每天进步一点点"，这二十一个字来之不易，其中的每一个字，都藏有长城汽车曾经踏至的足迹，都是长城国汽车在一日一日的行进途中以经验和教训的形式积累的宝贵财富。

从负债两百万到年营收超千亿，这的确是一段如万里长征般的艰难征途。征途之上，长城汽车始终如一守护心中的造车梦。不仅要造车，要造好车，更要成为世界顶级的汽车品牌。征途仍在继续，路就在脚下，不管这条路将蜿蜒至怎样的远方，长城汽车都不惧前行，始终在路上。

新使命，再出发

三十余载的磨砺与成长，如今傲立群雄的长城汽车，曾在战场叱咤风云，创下过赫赫战绩，获得过不计其数的荣耀。这一切正是基于中国改革开放的大背景，长城汽车才得以创造辉煌。如今的汽车产业，已经到了一个充分竞争的时代，这个时代的变化将更为快速，更具颠覆性，长城汽车所面临的竞争与挑战不会更少，只会更多。

全球化、新能源、智能化、数字化、网联化等时代浪潮汹涌澎湃，时代风云瞬息万变。当下，当人们谈到汽车时，已经不仅仅将其视为一个简单的代步和交通工具，汽车已经变为一种生活方式，成为了大众出行的最佳载体。与此同时，汽车产业也在经历着前所未有的巨变，俨然一场新的格局大洗牌即将到来。

2020 年 1 月 7 日，特斯拉首个海外工厂，即上海超级工厂，正式交付投产。近几年来，特斯拉在中国市场大受欢迎。

2021 年 4 月 15 日，吉利汽车正式发布了旗下的高端电动品牌极氪；同年 11 月 8 日，再发布旗下远程汽车新能源智能豪华重卡星瀚 H。

2021 年 9 月 1 日，小米汽车公司正式成立。小米造车，被称为雷军的最后一次创业。

2021 年，中国全年汽车产销量呈增长趋势，结束了自 2018 年以来连续三年下降的局面。其中，新能源车销量达 350 万辆，涨幅同比超 150%。"造车新势力"品牌中，小鹏汽车以 98155 辆的销量超越蔚来、理想，排名第一。

2022 年 4 月 3 日，比亚迪汽车宣布，将正式停止燃油车的整车生产，未来将专注于纯电动和插电式混合动力汽车业务。

种种变化令人眼花缭乱，在这种背景之下，任何曾经的战略选择、经营模式和主打产品都做不到一劳永逸，企业若要抓住机遇、永立潮头，必须要保持开放融合的态度，随时随地对自身进行变革，以适应周围动态变化的大环境。

变革，变革，还是变革。随时代，随浪潮，持续地、深化地、全面地变革。

长城汽车长期聚焦的 SUV 市场，在当下已经越来越趋近于一个传统市场，整体势头增幅减小，且呈缓慢下滑趋势。哈弗品牌旗下车型呈现出更为多元化的定位，来进一步抢占 SUV 的细分领域。在红蓝标颜色革命、H 与 F 双系列并行战略之后，哈弗再添"新次元激擎座驾"哈弗赤兔、"我的潮玩新旅伴"哈弗大狗、"我的梦想坐骑"哈弗神兽等更为新潮时尚的细分化车型。

以欧拉品牌来拉动的长城汽车在新能源汽车市场的新布局，在经历了几年的市场考验之后，进一步锁定了女性汽车消费领域。与宝马公司合资的光束汽车新能源汽车项目仍在筹建中，需要一段较长时间的酝酿、生成、积淀，才能达到爆发状态。整体的新能源市场在经历一轮大规模的项目集中上马之后，随着国家补贴政策的逐步撤出，潮水减退，市场整体趋于理性，最终可以胜出的品牌还是要靠产品和服务的品质。

随着近几年国家汽车产业政策的进一步放宽，皮卡进城限制取消，长城汽车的传统皮卡业务意外获得新机会，曾一度迅速上扬。皮卡因进城限制的取消，意外获得市场机会，呈现逆势上扬的态势，但最终因消费市场对皮卡先入为主的理念认知，这一市场领域的增长仍不足以支撑长城汽车整体的快速发展。

越来越多的不确定性，让中国乃至全球的汽车产业都面临转型。

一切都指向变革，无论是变得更高端还是更多元，更时尚还是更智能，更垂直还是更扁平。纵观长城汽车的发展史，公司最不缺乏的，便是变革的精神。

在经营模式上，从最初的差异化战略，到全面聚焦模式，再到双轮驱动模式，乃至于现在再度多点开花的经营模式，每一次的变革都具有鲜明的时代性，都是随着市场走向的变化而变革。

在产品端和品牌建设上，不管是皮卡、SUV，还是轿车、新能源汽车，每一款新产品的推出都顺应或者引导了市场的需求，并基于品类创新，以品类建品牌，逐步寻求品牌的升级和产品结构的优化。

在产业链布局上，长城汽车自 20 世纪 90 年代末期开始布局一条垂直整合产业链，将核心零部件的研发生产牢牢把握在可控范围，确保长城汽车在零部件供应上不受制于人。随着时代发展，这种垂直整合产业链的弊端开始显现，汽车零部件全方位的自主开发和制造一定程度上避免了竞争，但也削弱了自身的竞争力。为了能让零部件供应体系在充分竞争的大环境中获得创新的动力，长城汽车勇于打破垂直整合架构，在业务布局上大做减法，将旗下的零部件生产部门进行职能剥离，整合为精工、曼德、诺博、蜂巢四大零部件公司。独立后的零部件公司在研发和产能上都得到了长足的进步与突破。

在组织架构上，长城汽车自 2018 年以来一直在做一件事，就是重构企业的组织、流程和生态，形成了"强后台、大中台、小前台"的3.0 版本的组织架构。长城汽车曾经的元老，也在企业加速人才改革、努力适应新时代变革之际逐渐淡出了江湖。他们的历史使命已然完成，然后将书写下一阶段历史的任务交予了后来者，这也预示着长城汽车下一轮"变"的开始。毕竟还在 2020 年，长城汽车迎来"而立之年"的时刻，魏建军就发出了"命悬一线"的呐喊。

截止到 2023 年 7 月，长城汽车单月新车的销量已达到 109091 辆，新能源汽车的出货量稍稍逊色，但也达到了 28920 辆。也许，此刻的长城人，又会想起 30 多年前，明明改装车业务利好，而公司却偏偏放弃了走捷径的机会，反而挑选了造整车这条最为艰难的道路。多年后，在保定地区与长城汽车一起创立的多数乡镇小厂早已没了声音，只有长城在这条道路上坚持了下来。时下公司面临的情形，和当年又有什么区别呢？啃最硬的骨头，在一轮又一轮的危局中不断淬炼自身，这就是长城汽车发展多年来，始终面临的局面。

也因此，在未来的业务布局上，为实现碳中和的目标，长城汽车将在新能源领域实行多路线并举发展的战略，在纯电动、氢能、混动三大领域进行饱和式精准投入。就像当年从改装车业务转向造整车的时候一样，未来在新能源的马拉松赛道上，又将极其考验长城汽车整体应变的能力和水平。

当然在新领域布局，不意味着原有的业务线会停滞不前。当初造整车业务开启多时，改装车业务也没有被公司马上抛弃，如今的情况亦如此。2023 年 3 月，长城汽车正式发布了哈弗 H5 序列里，第一款大型 SUV。新车型对长城汽车来说，在传承上是承上启下的。

如今，长城汽车的整体定位是：一家全球化智能科技公司，致力于服务全球用户的智能、绿色出行。

长城汽车的业务定位是：包括汽车及零部件设计、研发、生产、销售和服务，并在氢能、太阳能等清洁能源领域进行全产业链布局，重点进行智能网联、智能驾驶、芯片等前瞻科技的研发和应用，旗下拥有哈弗、魏牌、欧拉、坦克及长城皮卡五大整车品牌，以及长城汽车孵化的全新独立运营汽车科技公司沙龙智行。

独特的反思文化、创新文化，品牌的变革、经营模式的变革……无论何时，长城汽车都不会让人失望，公司总能在复杂的局面中拨云见日，抓住本质。长城汽车将永远是一家具备全球化发展视野的科技公司，也是一家紧跟时代、理念领先、研发至上、业务布局清晰的国际化汽车企业。未来，长城汽车依旧在演绎一群造车人的故事。

名 言 录

◎只要在一个小门类里做到其他人无法取代就是成功。

◎产品不新，我们可以创新，怕的是我们的观念不够新，创新的意识差。

◎长城的营销，归根到底就是集中力量打造明星产品，让产品自己说话。

◎不走自主发展之路，就不会有民族汽车工业；不掌握核心技术，就只能永远受制于人！

◎无论是什么技术，只有掌握在自己手里才感觉踏实。无论投入多少，付出多少，都是值得的。没有技术，就没有话语权。

◎长城汽车的研发，从人才培养入手，立足于本土化，立足于国内，长期培养。

◎我们真正的竞争对手是外资品牌。所以我们长城汽车坚决地走自己的自主的路。

◎聚焦战略引领哈弗从零起步，做到了年销过百万辆，连续14年保持中国SUV销量冠军。聚焦让我们得到了回报。可以说无论过去、现在还是将来，聚焦战略始终是长城的核心战略。我们为此提出了一个方向，SUV不做到全球第一，不考虑推出轿车。

◎聚焦才是先进的模式。当别人在品类上都在做加法的时候，长城一直在做减法。

◎我一生做汽车，就是要做出好的产品，做出有全球影响力的品牌，这是有意义的事情，是值得奋斗的目标。

　　◎在企业命悬一线的时候，把自己的命也悬在上面。我认为这是做企业应该有的诚意。没有退路，才见出路。

　　◎汽车品牌一定是全球化的，中国汽车一定要走出去。我们到底是死在国内，还是死在国外？长城汽车还是选择死在国外，怎么也要去挑战。

大 事 记

1964 年　　魏建军出生于河北省保定市。

1972 年　　八岁生日时收到父亲的礼物——一辆玩具汽车。

1981 年　　去北京通县微电机厂工作。

1983 年　　随父亲回家乡保定。

1984 年　　二十岁生日时父亲送其一辆二手拉达轿车；同年，叔叔魏德良创办长城汽车制造厂。

1986 年　　出任太行水泵厂厂长。

1990 年　　出任长城汽车工业公司总经理，当年即实现公司的扭亏为盈。

1991 年　　重塑长城汽车组织架构，广招人才，重要高管加盟。

1994 年　　《汽车工业产业政策》颁布，长城汽车不再具备轿车生产资格，开始另寻出路。

1995 年　　考察美国及东南亚市场，决定转战皮卡赛道。

1996 年　　第一辆长城迪尔皮卡下线。

1998 年　　长城皮卡拿下第一个全国细分领域市场第一；赴日考察，参观丰田博物馆，感受丰田精益精神。

2000 年　　自主研发意识萌芽，成立自己的内燃机厂；多方尝试合资、重组、垂直整合等经营管理模式。

2001 年　　长城汽车完成股份制改制，正式成为股份有限公司。

2002 年　　推出经济型 SUV；成立长城汽车技术中心。

2003 年　　在港交所成功上市；拿下国内 SUV 市场年销量冠军。

2004 年　　《汽车产业发展政策》颁布。

2007 年　　拿到轿车生产资格证。

2008 年　　和里斯中国确立战略性合作关系。

2010 年　　确定聚焦战略，将资源集中于 SUV 业务。

2011 年　　哈弗 H6 正式上市；举办第一届长城科技节。

2012 年　　发布全新品牌理念，即"专注、专业、专家"。

2013 年　　哈弗品牌宣布独立，长城汽车进入双品牌并行时代。

2015 年　　在俄罗斯投资建设的图拉工厂破土动工。

2016 年　　成立高端 SUV 品牌：魏品牌。

2018 年　　正式签署与宝马（荷兰）控股公司的合资经营合同，成立光束汽车有限公司，双方持股占比为 50：50；发布"欧拉"品牌，宣布全力出击新能源汽车。

2019 年　　俄罗斯图拉工厂竣工投产。

2020 年　　长城汽车创立 30 周年，发布《致长城汽车伙伴们的一封信：长城汽车如何挺过明年》，提出向全球化科技出行公司转型的目标；发布"柠檬""坦克""咖啡智能"三大技术品牌；企业文化焕新发布。

2021 年　　发布"2025 战略"；举办"哈弗 H6 荣耀十周年全球粉丝庆典"；长城汽车第 1000 万辆整车下线。

参考文献

图书：

1.梁贺年.长城是怎样炼成的［M］.北京：中国言实出版社，2018.

2.艾·里斯，杰克·特劳特.定位：争夺用户心智的战争（经典重译版）［M］.北京：机械工业出版社，2021.

3.国家统计局.中国统计年鉴1984［M］.北京：中国统计出版社，1984.

报纸期刊文章：

1.李艳玲，朱建华，李银祥.巍巍太行二十载——记改革大潮中的企业家魏德义［J］.中国建筑金属结构，2003(9).

2.宋晓婷.以太行之力，促行业共赢：河北保定太行集团有限责任公司［J］.中国建筑金属结构，2012(8).

3.刘跃.国民SUV"代言人"——《中国车企名录》之长城汽车［J］.世界汽车，2020(4).

4.张坤.画像魏建军［J］.中国汽车市场，2019(2).

5.孙铭训."铁腕"魏建军［J］.中国品牌，2016(8).

6.贾红谱.魏建军追求专注和"聚焦"的长城汽车［J］.汽车纵横，2012(2).

7.李靖.长城汽车由战略聚焦引发的20年痛并快乐［J］.中外管理，

2017(9).

8. 胡玮炜. 长城汽车的低调"雄心"［J］. 中国品牌，2012(1).

9. 曹晓昂. 法兰克福展：透视长城的国际化方略［J］. 汽车纵横，2017(10).

10. 肖恬. "土鳖"挑大梁——魏建军的人才观［J］. 汽车纵横，2012(12).

11. 曹晓昂. 长城如何实现研发梦想［J］. 汽车纵横，2013(7).

12. 李濛. 长城汽车：中国式"悍马"的野性突围［J］. 中国机电工业，2011(12).

13. 商玉贵，李银祥. 寻找独特的生存空间［J］. 经济参考报，2000(10).

14. 黄轩. 魏建军皮卡扩张的背后［J］. 厂长经理日报，2001(5).

15. 陈学柳. 皮卡，小行业酝酿大变化：河北长城汽车有限公司董事长魏建军访谈录［J］. 中国汽车报，2002(1).

16. 张宇星. 皮卡→SUV→轿车 长城实现"三级跳"［J］. 第一财经日报，2005(7).

17. 魏建军，刘宏君. 精益十五年［J］. 中外管理，2006(11).

18. 金朝. 长城汽车：用自主理想拥抱世界品牌［J］. 中国汽车界，2012(2).

19. 宋菲. 将科技创新融入品牌文化：访长城汽车董事长魏建军［J］. 产品可靠性报告，2015(11).

20. 乐之. 案例篇：最美不过造车［J］. 中国市场，2003(12).

21. 商轩. 从资本国际化入手长城汽车迈入全球化［J］. 时代汽车，2007(8).

22. 戴秀珍. 在反思中前行［J］. 汽车纵横，2012(12).

23. 肖恬. 魏建军的价值观［J］. 汽车纵横，2013(10).

24. 王禁. 魏建军问答［J］. 经营者（汽车商业评论），2015(5).

25.张静.欧拉——"新"长城的第三只眼［J］.汽车观察，2018(5).

26.朱耘.长城宝马"联姻"：新合资潮下的以"资本"换"技术"［J］.商学院，2018(8).

27.刘通.长城汽车向全球化智能科技公司转型［J］.汽车纵横，2022(4).

网站：

1.长城汽车官网：https://www.gwm.com.cn

2.哈弗 SUV 官网：https://www.haval.com.cn